DE L'ESCROQUERIE

EN MATIÈRE

D'ASSURANCES MARITIMES

Par NEGRIN,

AVOUÉ PRÈS LA COUR IMPÉRIALE D'AIX.

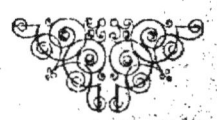

AIX,
Typographie de Remondet-Aubin, sur le Cours, 53.

1857.

DE L'ESCROQUERIE

EN MATIÈRE

D'ASSURANCES MARITIMES

Par NEGRIN,

AVOUÉ PRÈS LA COUR IMPÉRIALE D'AIX.

AIX,
Typographie de Remondet-Aubin, sur le Cours, 53.
—
1857.

DE L'ESCROQUERIE,

EN MATIÈRE

D'ASSURANCES MARITIMES

Par NEGRIN,

AVOCAT PRÈS LA COUR IMPÉRIALE D'AIX.

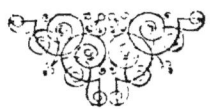

AIX,
Typographie de Remondet-Aubin, sur le Cours, 53.

1857.

DE L'ESCROQUERIE

EN MATIÈRE D'ASSURANCES MARITIMES.

Étude sur les articles 365 et 368 du Code de commerce,
combinés avec l'article 405 du Code pénal.

Arrêt de la Cour Impériale d'Aix, du 14 mars 1857.

Ministère Public contre D...

La question tranchée dans un sens par le Tribunal correctionnel de Marseille, et en sens contraire par la Cour impériale d'Aix,[*] est complètement neuve. Elle n'a aucun précédent, sous le rapport criminel, ni dans la jurisprudence ancienne, ni dans la jurisprudence nouvelle. Elle est fort importante ; sa solution intéresse le commerce des assurances maritimes, sur lequel repose le commerce général de la France.

Il s'agit de savoir à quelles limites commence la con-

---

[*] Par son jugement du 16 février 1857, le Tribunal correctionnel de Marseille a condamné le sieur D... à trois années d'emprisonnement et à 3,000 fr. d'amende. Sur l'appel du sieur D..., ce jugement a été réformé par arrêt de la Cour impériale d'Aix, du 14 mars 1857, qui a relaxé le sieur D... des poursuites dirigées contre lui. Sur le pourvoi du ministère public, cet arrêt a été cassé par arrêt du 10 juillet 1857.

naissance que l'assuré doit avoir de la perte de la chose assurée, au moment où il a fait l'assurance, pour engendrer le délit qui doit être poursuivi correctionnellement.

L'examen de cette question * se divise en quatre parties :

I. — Quel est le fait reproché au sieur D..., ce fait est-il un délit?

II. — Ce délit renferme-t-il tous les éléments de l'escroquerie, conformément à l'article 405 du Code pénal?

III. — Dans quels sens faut-il entendre la *perte* dont parlent les articles 365 et 368 du Code de commerce, pour qu'elle rentre dans les éléments de l'escroquerie?

IV. — La législation actuelle offre-t-elle une garantie suffisante contre cette fraude?

* Ce travail est fait depuis le 28 mars 1857. L'existence du pourvoi explique le renvoi de sa publication jusqu'après la décision de la Cour suprême. Il a été fait à un point de vue général. Il n'a eu pour but que de trouver, dans la combinaison des articles étudiés, les caractères du délit et sa pénalité, et d'appeler l'attention du gouvernement sur l'insuffisance de notre législation sinon pour punir ce délit, du moins pour l'atteindre et l'empêcher de se reproduire

PREMIÈRE PARTIE.

Quel est le fait reproché au sieur D...? Ce fait constitue-t-il un délit?

M. D... est un riche négociant grec de la place de Marseille. Il possède dix navires de commerce, parmi lesquels le trois mâts *les Trois-Sœurs*, capitaine Simon. Vers la fin de l'année 1856, ce navire devait être nolisé de Scala-Nova à Marseille, chargé de blé pour le compte de M. D...

Le 2 janvier 1857, M. S..., beau-frère de M. D..., qui est à Constantinople, envoie à celui-ci une dépêche télégraphique ainsi conçue :

« Constantinople, 2.

« M. D... fils, à Marseille.

« Simon échoué devant Tchesméh. — Navire en danger.
« — Chargement sera sauvé. — Carrava et Pailloux rendus
« sur les lieux. »

Cette dépêche arrive à Marseille le 3 janvier, à onze heures quatorze minutes ; elle est expédiée du bureau du télégraphe, et elle est reçue par la demoiselle D..., sœur de M. D..., à onze heures vingt-cinq minutes ou quarante-cinq minutes. L'incertitude de l'heure précise vient de ce que les minutes sont marquées en chiffres.

Le même jour, 3 janvier, à onze heures et demie, cinq minutes de plus ou cinq minutes de moins, M. D... entre dans les bureaux de M. Locart, courtier d'assurances, en face de la Bourse, et donne ordre à M. Tornezy, commis de ce courtier, de lui faire assurer 70,000 fr. sur corps du navire *les Trois-Sœurs*, et 120,000 fr. sur la cargaison.

Le 3 au soir, la police était déjà couverte pour 175,000 f., le 5 janvier, M. Blondel assure 2,400 fr.

Le 8 janvier, M. D... fait tenir aux assureurs un advenant par lequel il porte la valeur du navire à 85,000 fr., et celle du chargement à 150,000 fr., et comme la police n'est pas toute couverte, il reste son propre assureur pour la somme qui fait la différence.

Le 9 janvier 1857, arrive à Marseille le paquebot le *Protis*. Le capitaine de ce paquebot annonce l'échouement des *Trois-Sœurs*, arrivé le 28 décembre 1856, et publie son rapport dans le *Sémaphore* du 12 janvier.

Le navire les *Trois-Sœurs* a fini de se briser le 31 décembre. La nouvelle de la perte de ce navire a été portée à Constantinople, où il est arrivé le 1er janvier 1857, par le paquebot le *Stamboul*, qui était parti le 30 décembre des environs de Tchesméh, lieu du naufrage.

Le bruit se répand à Marseille que M. D... avait reçu une dépêche électrique qui lui annonçait la perte de son navire, avant de faire faire l'assurance.

Les assureurs nomment une commission pour examiner cette affaire. Le 23 janvier, cette commission se réunit et décide de poursuivre M. D... Le même jour, 23 janvier dans la soirée, M. D..., se présente au comité des assureurs et déclare à l'agent de ce comité : que sa mère vient de lui remettre une dépêche électrique du 3 janvier, lui annonçant la perte de son navire, et qu'il voulait faire annuler la police d'assurance, quoiqu'il ne connût pas le sinistre au moment de la signature de cette police.

L'agent du comité renvoya M. D... au lendemain pour connaître l'opinion des assureurs. Les assureurs proposent à M. D... de leur payer la double prime et de compter une somme de 10,000 francs pour les pauvres. M. D... refuse. Plus tard, il a payé la double prime aux assureurs, et trois de ses amis, négociants grecs comme lui, ont compté les 10,000 francs pour les pauvres.

Mais la justice, qui avait été prévenue, dirige ses poursuites contre M. D..., et le tribunal correctionnel de Marseille, saisi de l'affaire, rend son jugement à la date du 16 février 1857.

M. D... a appelé de ce jugement, et, de son côté, M. le procureur général a appelé *a minima*. Devant la Cour, la prévention a été soutenue par M. l'avocat général Roque, avec talent et conviction; la défense a été présentée par M⁰ Adolphe Crémieux, ancien garde des sceaux.

D'après le ministère public, il y a dans cette affaire deux questions à examiner : 1° M. D... a-t-il commis le fait qui lui est reproché?

2° Le fait est-il prévu et puni par la loi pénale?

Dans la simple analyse de cette affaire, faite uniquement au point de vue du droit, il est inutile de rapporter au long l'argumentation de M. l'avocat général sur les faits. Pour lui, la preuve de la culpabilité de M. D..., à ce point de vue, résulte des faits précédemment analysés, rapprochés et commentés.

Mais si M. D... est coupable, ce fait est-il taxativement puni par la loi?

M. l'avocat général s'appuie sur le texte de l'article 368, sur la doctrine ancienne et nouvelle; il plaide enfin l'application de l'article 405 du Code pénal.

Les manœuvres pratiquées par M. D..., en dehors de la police, résultent de ce qu'il est allé plusieurs fois chez le courtier, presser et activer la signature de cette police; de ce qu'il s'est servi de l'entremise de cet intermédiaire légal pour donner les apparences de la sincérité à l'acte qu'il commettait à l'encontre des assureurs; enfin, de ce qu'il a agi directement auprès d'un de ces assureurs pour l'engager à signer, lui disant qu'il n'avait rien à craindre, que si tous les négociants étaient comme lui, les assureurs n'auraient pas autant de sinistres à payer.

Le défenseur a soutenu qu'en fait le sieur D... ne connaissait pas la dépêche au moment où il avait donné l'ordre de faire la police. Cet ordre a été donné le 3 janvier, à onze heures et demie, tandis que la dépêche n'a été remise à la maison qu'à onze heures quarante-cinq minutes, qu'en supposant même qu'elle eût été remise à onze heures vingt-cinq minutes, dans les quelques minutes de différence entre onze heures vingt-cinq minutes et onze heures trente ou trente-trois minutes, le sieur D... n'a pas eu le temps matériel de recevoir cette dépêche, et d'aller donner l'ordre de faire la police.

Pourquoi a-t-il assuré?

Parce qu'il a reçu le 31 décembre 1856, de M. Payoux, ancien capitaine des *Trois-Sœurs* et copropriétaire du navire, une lettre qu'il lui a écrite d'Agde, le 29 décembre, pour lui dire de faire assurer, à cause des sinistres qui régnaient en mer.

Il est vrai, dit le défenseur, que cette lettre n'est pas timbrée de la poste, mais elle est relatée dans une lettre en réponse de M. D..., du 4 janvier.

La lettre de Payoux est arrivée le 31, on ne pouvait pas faire assurer le 1ᵉʳ janvier, qui est un jour de fête légale;

ni le 2 janvier, qui est une quasi-fête; on a fait assurer le 3 janvier, dans la matinée, en allant à la Bourse.

La dépêche a été reçue par Mademoiselle D..., elle a été remise à sa mère, qui l'a gardée depuis le 3 jusqu'au 23. Pourquoi?

M. D... a son beau-frère à Constantinople. Il était directeur de la poudrière de Smyrne, qui a sauté en tuant ou estropiant plusieurs Turcs. Ceux-ci l'accusent, en sa qualité de chrétien et de Grec, d'avoir mis le feu à la poudrière à dessein pour *tuer des Turcs*. Il est à Constantinople pour répondre à cette accusation.

Madame D..., en voyant sur l'enveloppe le mot Constantinople et le nom de son beau-fils, s'est empressée d'ouvrir la dépêche. Elle a lu l'annonce du sinistre; elle a gardé la dépêche pour ne pas faire de la peine à son fils. Elle a été entendue comme témoin, elle dépose ainsi sous la foi du serment, et elle déclare qu'elle est incapable de se parjurer sur le Christ, même pour sauver son fils. La dépêche a été remise le 23 janvier!

Les bruits fâcheux qui circulaient sur son compte sont arrivés jusqu'à M. D..... Il s'en est plaint en famille, le 23 janvier, et alors sa mère lui a remis la dépêche du 3.

La défense mêle avec beaucoup d'habileté dans cet exposé de faits toutes les circonstances favorables à l'inculpé, tirées de sa famille et de sa position. Son père, qui est mort depuis quelques années seulement, a toujours eu une vie honorable; les douleurs et les peines de sa mère, pieuse femme chrétienne, et chrétienne grecque, qui prie tous les jours le Christ pour que la justice lui rende son fils, unique soutien de son veuvage. Les poursuites dirigées à Constantinople contre le beau-frère par des Turcs, ennemis des chrétiens et surtout des Grecs. Les deux frères, qui assistent l'inculpé à l'audience, dont l'un est venu de Jaffa, où il habite; et l'autre sort à peine d'une longue et cruelle maladie. Enfin cette famille honorable et heureuse jusqu'à ce jour, si cruellement éprouvée dans deux de ses enfants, famille qui compte sept membres : trois garçons et quatre filles. Toutes ces circonstances de fait ont donné lieu à des développements oratoires qui ont fait la plus vive impression.

Le défenseur, dans cette partie de sa tâche, n'a pas négligé non plus les circonstances tirées de sa position toute exceptionnelle. L'émotion naissait en entendant ces détails personnels si intéressants; elle grandissait au tableau pathétique des douleurs de la famille D..., et elle se reportait ensuite naturellement sur toute l'affaire. Ces impressions d'audience n'ont pas été le moindre des arguments de la défense. *

---

* M. Frédéric Thomas, dans son *Courrier du Palais*, rapporte en l'arrangeant quelque peu, une de ces petites anecdotes personnelles auxquelles il est ici fait allusion.

« M⁰ Crémieux, dit-il, a été plus heureux devant la Cour d'Aix... Il a fait acquitter récemment un armateur grec condamné pour escroquerie, devant le Tribunal de Marseille, à trois ans de prison et à une forte amende, comme prévenu d'avoir fait assurer un navire au moment où, par une dépêche télégraphique, il venait d'en apprendre le *naufrage*.

« L'éminent avocat, dans cette plaidoirie difficile, eut à invoquer beaucoup d'arrêts, et on imagine bien qu'il ne négligea pas ceux de la Cour d'Aix.

« L'avocat général trouva que l'ancien ministre citait ces décisions avec trop de complaisance et surtout trop d'éloges. Il alla même jusqu'à dire que si son illustre adversaire était encore avocat à la Cour de cassation, et qu'il eût à faire casser un des arrêts de la Cour provençale, il n'aurait pas assez de dédain et de sarcasmes pour ces mêmes arrêts qu'il exaltait si fort et qu'il entourait si libéralement de son admiration et de ses flatteries.

« M⁰ Crémieux sentit le trait et en fut choqué ; aussi, dans sa réplique, il

Le fait n'existe pas.

S'il existait, il n'est pas puni par la loi.

En ce qui regarde l'article 368, la défense a combattu

glissa avec cette adroite bienséance et cet ingénieux à-propos qu'on lui connaît, sa petite anecdote personnelle, que nous allons résumer en quelques lignes :

« Permettez-moi, Messieurs, dit-il en substance, de vous faire part d'un
« souvenir de jeunesse qui date, hélas ! d'une quarantaine d'années.

« J'ai eu l'honneur de subir ma Thèse de licencié en droit devant la fa-
« culté d'Aix. Le magistrat qui présidait alors cette Cour daignait m'hono-
« rer de sa haute bienveillance, et, pour m'en donner une nouvelle marque,
« il voulut bien assister à ma Thèse. Il siégea donc à côté de mes examina-
« teurs que, par le fait, il présidait au moins par sa présence.

« Tout à coup, l'un de mes professeurs m'adressa une question très-dé-
« licate et encore très-controversée, sur la quotité disponible.

« Je pâlis, j'hésitai, je ne répondis rien ; étonnés de mon silence, mes
« juges m'en demandèrent le motif.

« Et alors je répondis en balbutiant un peu, que ce qui m'avait embar-
« rassé d'abord, c'est que j'avais le regret de ne point partager, sur la
« question, la doctrine consacrée par un arrêt que venait de rendre la Cour
« d'Aix, sous la présidence de l'éminent magistrat qui daignait m'écouter. »

« Cela dit, Me Crémieux interrompit tout à coup sa narration, et se tournant brusquement vers l'avocat général, il lui lance cette apostrophe :

« Je ne flattais pas la Cour à seize ans, et vous voulez que je la flatte à
« soixante ?... »

« Le mot fut si à point qu'il fit explosion et excita un murmure d'approbation unanime. » (La *Presse*, 20 avril 1857.)

Et néanmoins cette charmante anecdote ainsi racontée par le spirituel chroniqueur du palais perd sa couleur locale, sa saveur de terroir, si l'on peut dire, en ne pas reproduisant, tels qu'ils se trouvaient dans le récit de Me Crémieux, tous les noms propres mêlés à cette anecdote, qui sont si chers à la magistrature et au barreau d'Aix.

Et s'il rapporte le mouvement qui la termine, le chroniqueur passe sous silence le trait du commencement. Quand Me Crémieux a parlé à propos de sa Thèse « de cette tribune où il montait ce jour-là pour la première fois et... où... depuis !... hélas !... »

Il y a de plus une légère inexactitude de détail qui change la physionomie sans prétention de cette anecdote. M. le premier Président assistait par hasard à la Thèse « *de ce jeune homme* » qu'il ne connaissait pas ; du moins d'après le récit fait à l'audience par Me Crémieux, qui n'a parlé que de la bienveillance du doyen de la faculté.

la doctrine des auteurs qui lui était opposée par le ministère public.

Quant à l'application de l'article 405, la défense a discuté tous les faits reprochés à l'inculpé pour en tirer cette conséquence qu'il n'y a pas eu de sa part manœuvres frauduleuses en dehors de l'acte.

Elle a soutenu que le sieur D..., ayant donné ordre de faire la police avant d'avoir reçu la dépêche, tout ce qui avait eu lieu après, en supposant qu'il eût connu la dépêche le 3 janvier, ne pouvait lui être imputé à délit.

Dans les répliques,

Le ministère public est revenu sur la doctrine vainement attaquée par la défense.

Il a fait observer avec beaucoup de raison qu'en supposant que le sieur D... n'eût connu réellement la dépêche qu'après avoir donné l'ordre de faire la police, il n'en serait pas moins coupable, aux termes de l'article 367 du Code de commerce, qui n'exige cette connaissance qu'avant la signature du contrat.

A son tour, la défense a développé, pour la première fois, une nouvelle thèse en droit. Jusqu'à ce moment la discussion portait sur ces deux points : D..... n'a point commis l'acte qui lui est reproché; et, s'il l'a commis, cet acte n'est pas puni comme un délit par la loi. La défense est allée plus loin. Elle a soutenu que si D... a fait l'acte qui lui est reproché, il avait le droit de le faire; qu'il avait commis une action peut-être malhonnête, mais qu'il avait agi selon son droit.

En ne pas faisant connaître la dépêche du 3 janvier aux assureurs, D... n'a commis qu'une réticence prévue par l'article 348 du Code de commerce.

Car cette dépêche n'annonçait pas la perte du navire, ainsi que l'exige l'article 368.

A l'appui de ce système, la défense a plaidé que l'assurance est un contrat *sui generis*, que ce contrat, à la différence de tous les autres contrats, n'a pas besoin d'une cause réelle, qu'une cause d'imagination lui suffit. Enfin, que c'est là un contrat essentiellement aléatoire pour toutes les parties.

Au reste, les articles 365 et 368 ne sont applicables qu'en cas de *perte* du navire; or la dépêche n'annonçait pas la perte du navire. Elle annonçait son échouement, pas davantage, c'est-à-dire un échouement simple. Un navire échoué n'est pas un navire perdu. Car, d'après l'article 369, la perte du navire n'a lieu qu'en cas *d'échouement avec bris*.

La clôture des débats a eu lieu sur ce nouveau système, auquel le ministère public, qui avait requis et répliqué, n'a pas pu répondre.

Sur ces débats, la Cour a rendu l'arrêt du 14 mars 1857.

Tel est le fait reproché au sieur D..., telles sont les circonstances dans lesquelles ce fait s'est produit et au milieu desquelles a été rendue la décision qui refuse de reconnaître à ce fait le caractère d'un délit légal.

Ce fait ne constitue-t-il pas un délit?

Le fait reproché à D... est-il une réticence ou bien une fausse déclaration, selon les règles du droit criminel? Pour déterminer la culpabilité de l'agent, il importe de bien préciser le caractère de l'acte qui lui est reproché. Car, en général, l'agent qui commet une réticence est moins coupable que celui qui fait une fausse déclaration, parce que, dans le premier cas, son rôle est tout passif. Cette distinction est profonde dans le droit criminel. Ainsi, quelque éloignée que soit l'analogie, la loi pénale punit comme un faussaire le débiteur qui fabrique une quittance au nom de son créancier dont il appose la signature sur l'acte de quittance, et la loi pénale n'atteint pas le créancier qui, après avoir reçu l'argent qui lui est dû et en avoir donné quittance, nie sa signature. Cependant, aux yeux de la morale, la culpabilité de ces deux agents est la même : tous les deux, ils ont voulu s'approprier un argent qui ne leur appartenait pas. Aussi s'est-on préoccupé, dans le procès actuel, de cette distinction. On s'est demandé jusqu'à quel point la loi pénale peut atteindre une réticence.

L'acte reproché à D... n'est pas une réticence, c'est une fausse déclaration. Il y a réticence, quand on ne dit pas tout ce que l'on sait. Il y a fausse déclaration quand on dit le contraire de ce que l'on sait. D... a assuré le navire les *Trois-Sœurs*, de sortie de *Scala-Nova* à *Marseille*. Il a donc affirmé que le navire était ou dans le port ou en cours de navigation, tandis que le navire était perdu ou soit échoué; deux faits qui sont contradictoires. En bien étudiant les caractères de la réticence, il est à peu près impossible de la trouver jamais dans le fait de l'assuré. La réticence la plus usuelle consiste, de la part de l'assuré, à ne pas déclarer l'époque du départ du navire qu'il connaît parfaitement; à tout prendre, il n'y a là encore à proprement parler qu'une fausse déclaration. Aussi l'ordonnance de Rotterdam, sur les assurances, article 20, regardait ce fait comme une branche du crime de *faux*.

Cette distinction deviendra saisissante en rapprochant le fait de l'assureur du fait de l'assuré, et en les comparant. Dans le fait de l'assureur qui connaît l'arrivée du navire, à qui on propose l'assurance de ce navire et qui l'accepte sans déclarer l'arrivée, il y a véritablement réticence; son rôle est complètement passif.

La qualification qui appartient au fait reproché à D... a une certaine importance au point de vue de l'escroquerie. Il est évident que l'agent qui agit directement et qui affirme est plus coupable que celui qui laisse faire et qui se tait pour profiter de l'erreur de sa victime. Sous les autres rapports, elle est sans importance, peu importe que le fait de D... soit une fausse déclaration ou une réticence, les principes sont les mêmes.

En effet, voici à ce sujet comment s'exprime Pothier :
« Quoique dans plusieurs affaires de la société civile les rè-
« gles de la bonne foi se bornent à nous défendre de men-
« tir et nous permettent de ne pas découvrir aux autres
« ce qu'ils auraient intérêt de savoir lorsque nous avons
« un égal intérêt de ne pas le leur découvrir, néanmoins,
« dans *les contrats intéressés*..., la bonne foi ne défend pas
« seulement tout mensonge, mais toute *réticence* de tout
« ce que celui avec qui nous contractons à intérêt de savoir
« touchant la chose qui fait l'objet du contrat.

« La raison est que la justice et l'équité dans les contrats
« consistent dans l'égalité; tout ce qui tend à la blesser est
« donc contraire à l'équité. Il est évident que toute *réticence*
« de la part d'un des contractants, de tout ce que l'autre
« aurait intérêt de savoir touchant la chose qui fait l'objet
« du contrat, blesse cette égalité. Car, dès que l'un a plus
« de connaissance que l'autre touchant cette chose, il a
« plus d'avantage que l'autre à contracter : il sait mieux
« ce qu'il fait que l'autre, et par conséquent l'égalité ne se
« trouve plus dans le contrat. » (Pothier, *De la vente*, n° 233.)

Ces principes s'appliquent à plus forte raison au contrat d'assurance qui est, comme la vente, un contrat intéressé et qui est le contrat de bonne foi par excellence; car dans ce contrat l'assureur ne donne son consentement que sur les éléments qui lui sont fournis par l'assuré. Aussi Pothier en fait-il lui-même l'application dans son *Traité d'assurances*, n° 194, où il qualifie cette dissimulation de dol.

Il n'y a donc pas à se préoccuper de l'idée de savoir si le fait reproché à l'agent est une réticence ou une fausse déclaration, et jusqu'à quel point il y a culpabilité dans la réticence de l'agent. Cette réticence est coupable comme la fausse déclaration, telle est l'opinion de Pothier, et la loi elle-même le décide ainsi. (Art. 367 et 368, C. de com.)

D'après ce premier aperçu, le fait reproché à D... est donc coupable. Mais cette culpabilité a-t-elle une gravité suffisante pour constituer le délit avec tous les caractères voulus par la loi pénale?

Est-ce un délit légal; ce délit est-il prévu par la législation pénale actuelle?

Suivant les principes généraux en matière criminelle, ce fait est-il un délit?

« Le délit légal, d'après M. Rossi, est la violation d'un
« devoir exigible au préjudice de la société ou des indi-
« vidus.

« Le pouvoir social ne peut donc regarder comme délit
« que la violation d'un devoir envers la société ou les indi-
« vidus exigible en soi et utile au maintien de l'ordre po-
« litique, d'un devoir dont l'accomplissement ne peut être
« assuré que par la sanction pénale et dont *l'infraction*
« *peut être appréciée par la justice humaine.* » (Rossi, *Droit pénal*, L. II, chap. 1, t. 2, p. 7.)

M. Ortolan a cherché de son côté à établir *les limites entre le droit civil et le droit pénal*. D'après lui « une simple
« observation peut servir à marquer le point saillant dans
« la ligne de séparation. Il est des lésions de droit contre
« lesquelles chacun peut se prémunir par le seul emploi de
« ses facultés intellectuelles. La prudence ordinaire, l'ha-
« bileté, la vigilance commune dans le courant des affai-
« res, dans la gestion de la vie et des intérêts privés suf-
« fisent pour éviter ces lésions ou pour s'en défendre... (il
« est d'autres lésions de droit); de telles lésions ne nuisent
« pas seulement à la personne privée qui en est victime,
« elles *nuisent à la société* dont elles bravent ou dont elles
« mettent en défaut la protection, dont elles font révoquer
« en doute l'habileté ou l'utilité; elles jettent *l'alarme et le*
« *trouble* ou le malaise dans son sein...; il faut en outre
« un châtiment au nom de la société, l'affaire est de droit
« pénal. » (Ortolan, *Eléments de droit pénal*, n° 594.)

« La loi pénale, disent encore. MM. Chauveau Adolphe
« et Faustin Hélie, ne doit intervenir que lorsque les faits
« se produisent avec un caractère qui permet de les saisir;
« lorsque les citoyens, *impuissants* à s'en garantir par eux-
« mêmes, ont besoin de la protection de la justice; lors-
« qu'il en résulte un *trouble social* qui appelle une répara-
« tion. » (T. 5, p. 353.)

Ces principes généraux posés par les criminalistes appartiennent du reste au domaine de la simple morale. Ils ne sont que l'application directe et affirmative de cette maxime que Vauvenargues, avant eux, a formulée ainsi : « Ce qui n'offense pas la société n'est pas du ressort de la justice. » (*Maxime 164*.)

La prudence humaine la plus vigilante est mise ici complètement en défaut. L'ignorance de la victime au moment où la lésion de droit s'accomplit contre elle est invincible; d'un autre côté, cet acte audacieux n'a-t-il pas jeté l'alarme et le trouble sur la place de Marseille, dans le commerce de cette grande cité? Tout le monde s'est dit : il y a donc dans notre société un moyen d'escroquer l'argent des autres qui n'est pas puni par la loi pénale. Cet acte a offensé la société, il est du ressort de la justice criminelle.

Ces grands caractères du délit se rencontrent donc dans l'espèce. C'est un *délit légal*.

La loi est-elle muette sur ce délit?

Ce délit n'est-il pas prévu par la législation pénale actuelle?

L'Ordonnance de 1681 ne contenait aucune disposition pénale contre cette fraude; elle se contentait, au titre des *Assurances*, de prononcer dans son article 38 la nullité des assurances faites *après la perte ou l'arrivée des choses assurées*, et dans son article 41 de condamner l'assuré, en cas de preuve qu'il avait connaissance de cette perte, au payement de la double prime. (Liv. III, tit. VI.)

Valin, en commentant ces deux articles de l'Ordonnance, qualifie ce fait de *délit*, et ne doute point qu'en pareil cas il « n'y eût lieu de prendre la voie extraordinaire contre « l'assuré pour lui faire infliger des peines proportionnées « à son délit » car « la connaissance certaine du fait im- « prime sur celui qui l'avait une *note d'infamie*. » (C'est toujours Valin qui parle.)

Pothier adopte cette opinion dans son *Traité des assurances*, n° 14. — Il est révolté de l'atrocité du délit, c'est lui qui l'appelle ainsi : *Atrocior dolus*.

Emérigon, à son tour, de nous dire : « On ajoutera que

« la double prime est la seule peine à laquelle la partie
« lésée puisse conclure, soit par voie civile, soit par voie
« criminelle; mais cela n'empêche pas qu'à *la poursuite du*
« *ministère public* le coupable ne doive être puni plus sévè-
« rement. »

Et il ajoute : « Je n'ai jamais vu de procès criminels sur
« cette matière, et même je n'ai aucun exemple que parmi
« nous la peine de double prime ait été prononcée. » (Emérigon, ch. xv, sect. 7, t. 2, p. 180.)

Qu'il nous soit permis de dire, avec tout le respect que nous devons à la parole d'un tel maître, qu'Emérigon se trompait dans la dernière partie de son affirmation; bien que son erreur ait été partagée par tout le monde jusqu'au procès actuel. Il y a dans l'ancienne jurisprudence un exemple de la peine de double prime, prononcée sinon à Marseille, du moins en France.

Cette erreur, nous la signalons avec satisfaction, parce qu'elle nous permet de prouver, en la signalant, que ce délit odieux n'est pas sans précédent dans les annales judiciaires; et que notre époque n'a pas le triste privilége de l'avoir accompli la première.

Dans le *Nouveau Denisart*, il est rapporté un arrêt du 29 août 1759, confirmatif d'une sentence de l'amirauté du palais de Paris, du 20 septembre précédent, rendu dans l'espèce dont voici l'analyse :

Du 21 novembre 1752, polices d'assurances sur bonnes ou mauvaises nouvelles pour 19,000 francs et 28,000 francs sur le vaisseau le *Prince-Charles*.

Il avait péri dès le 4 du mois.

Les assureurs assignés en payement demandèrent à prouver que les assurés connaissaient la perte, lorsqu'ils avaient

donné l'ordre de faire assurer. « La preuve de ce fait ayant
« été permise et ayant été faite, la sentence déclara nulles
« les polices d'assurances, et condamna les assurés au
« payement de la double prime. » (*Nouveau Denisart*,
V° *assurances*, § III, n° 3.)

Comme les assurés n'étaient pas français, l'action du ministère public ne put pas être mise en mouvement, et ce précédent est ainsi incomplet dans la partie la plus intéressante, la partie criminelle.

Quoique la loi ancienne fût muette, la doctrine ancienne était donc unanime pour proclamer le caractère criminel de l'acte reproché à l'assuré, et pour reconnaître qu'il y avait lieu de le poursuivre.

L'opinion d'Estrangin, annotateur du *Traité des assurances* de Pothier, qui a vécu sous l'empire de l'Ordonnance et sous l'empire du Code de commerce, sert naturellement de transition entre la doctrine ancienne et la doctrine nouvelle.

« Cette peine civile, d'après lui, qui se borne à la valeur
« d'une double prime, est bien légère et bien dispropor-
« tionnée avec la qualité du *délit*, qui est une *escroquerie*
« des *plus caractérisées*, des plus dignes d'une correction
« sévère. Le nouveau Code de commerce y a pourvu en
« ordonnant, article 368, que l'assuré qui a fait assurer
« après la connaissance de la perte, ou l'assureur qui a
« pris le risque après avoir la connaissance de l'arrivée se-
« ront poursuivis correctionnellement. » (Estrangin, sur Pothier, p. 17.)

Tous les auteurs qui ont écrit sur le Code de commerce depuis sa publication, en présence des textes de la loi, ont tous répété qu'il y avait là un délit qui donnait lieu à des peines correctionnelles. Malheureusement, il faut bien le reconnaître, aucun de ces auteurs n'a examiné la question de savoir si la disposition du Code de commerce trouvait son complément et sa sanction dans une disposition du Code pénal.

La question a été débattue entre ces auteurs à propos de la compétence entre le tribunal de commerce et le tribunal correctionnel, question tout à fait insignifiante, qui en fait n'a aucune importance, puisque le litige peut être porté soit devant le tribunal de commerce, soit devant le tribunal correctionnel, selon que les assureurs en feront l'objet d'une exception contre la demande de l'assuré en payement du sinistre ou qu'ils se porteront parties civiles à la suite des poursuites dirigées contre l'assuré par le ministère public.

Quoi qu'il en soit, ils n'ont pas examiné la question. Ils se sont contentés d'affirmer la chose à l'envi les uns des autres, voyez :

Boulay-Paty, t. 4, p. 209; Lemonnier, *des Polices d'assurances*, t. II, n° 400; Vincens, *Législation commerciale*, t. III, p. 254; Dalloz, *Répertoire*, V° *Droit maritime*, n°s 1813, 1815; Pardessus, t. III, p. 304, n° 783; Alauzet, *des Assurances*, t. II, p. 255, n° 377; Dageville, t. 3 p. 351; Locré, t. II, p. 429.

Il suffit de citer un seul de ces auteurs pour faire comprendre comment ils ont envisagé la question, sans parler de la différence qui existe entre eux sur la compétence du tribunal qui doit connaître du litige.

« Cette réticence, dit M. Pardessus, est un *délit*, l'assuré
« convaincu de fraude est condamné *correctionnellement* à
« payer... etc., etc. »

Pour eux la chose ne fait pas même question.

De leur côté, les criminalistes n'ont pas prévu cette question, du moins à notre connaissance. Il faut donc examiner si depuis le Code de commerce, qui a ajouté à l'insuffisance de l'Ordonnance de 1681, le fait reproché à l'assuré est puni comme un délit par la législation actuelle.

D'après les principes généraux ci-dessus rappelés, ce fait a tous les caractères du délit. Au reste, le doute n'est pas possible, puisque le *législateur* a pris soin lui-même de l'indiquer. Car le législateur, dans le Code de commerce, à deux reprises différentes, place les fraudes pratiquées en matière d'assurances maritimes au nombre des délits, en les soumettant à des *poursuites criminelles* (art. 336), ou en déclarant que l'agent sera *poursuivi correctionnellement*. (Art. 368.) C'est bien là un véritable délit.

Mais il ne suffit pas qu'il y ait délit, il faut encore que la loi pénale prononce expressément les peines attachées à ce délit, pour que l'agent puisse être puni, et il faut que ces peines soient prononcées par une loi antérieure à la perpétration du délit. (Art. 4, C. pén.) Or, le Code de commerce a été promulgué en 1807, et le Code pénal en 1810, le législateur en édictant l'article 368 du Code de commerce n'a pas pu s'en référer au Code pénal, qui n'a été promulgué que trois ans plus tard. Et le Code pénal n'a pas reproduit en entier la loi du 22 juillet 1791, antérieure au Code de commerce.

Du rapprochement de ces deux législations, de la législation commerciale et de la législation pénale, on a fait surgir d'abord une objection qui consiste à dire que le Code pénal ne peut pas trouver son complément dans le Code de commerce, et que le tribunal correctionnel ne peut pas aller puiser dans la loi commerciale et la caractérisation et la pénalité d'un délit.

Cette objection n'est pas sérieuse. Le Code pénal prévoit un grand nombre de délits, qui trouvent leur complément et leurs caractères dans la loi civile ou dans la loi commerciale. Il suffit de citer l'article 147, relatif aux faux en écriture authentique ou de commerce, qui s'explique par l'article 1317 du Code Napoléon et 110 du Code de commerce; l'article 408 relatif aux détournements opérés par le dépositaire ou le mandataire, qui se complète par les articles du Code Napoléon sur le mandat et le dépôt; enfin l'article 402 relatif au cas de banqueroute, qui renvoie expressément au *Code de commerce* pour déterminer les cas de banqueroute. La loi pénale pourrait donc prendre, dans les articles 367 et 368 du Code de commerce, les caractères du délit reproché au sieur D....

Il est certain qu'il n'y a pas dans le Code pénal un article qui édicte en particulier, taxativement, une peine pour le délit prévu par l'article 368 du Code de commerce; en d'autres termes, ce délit ne se trouve pas nommé en toutes lettres dans le Code pénal. Comme le duel, on ne lui a pas fait l'honneur de le nommer. Mais n'y a-t-il pas dans le Code pénal une disposition qui atteigne ce fait en lui donnant une qualification générale?

Qu'on veuille bien le remarquer, l'action du ministère public est basée surtout sur l'article 368 du Code de commerce, en poursuivant le sieur D..... pour délit d'escroquerie. Il ne s'agit pas d'annuler la police d'assurance, elle est nulle; c'est un fait acquis. Il s'agit de punir le moyen employé par le sieur D... pour s'approprier l'argent des assureurs, c'est-à-dire, la fraude qu'il a commise.

SECONDE PARTIE.

Ce délit renferme-t-il tous les éléments de l'escroquerie, conformément à l'article 405 du Code pénal?

Y a-t-il escroquerie?

Puisque l'œuvre du législateur est censée une œuvre unique, il devrait être permis de dire que la partie de cette œuvre faite en 1810 se coordonne avec la partie qui a été faite en 1806, et par conséquent qui lui était antérieure. Mais, grâce à l'imperfection attachée à la faiblesse humaine même dans les choses les plus graves, il est au contraire permis de supposer que le législateur qui s'occupe d'une matière pénale peut perdre de vue les dispositions par lui portées en matière commerciale. Néanmoins, si lorsque le législateur s'occupe de matière pénale, son attention est appelée précisément sur les matières commerciales, cette présomption d'oubli devient de sa part à peu près impossible. Or l'article 405 est précédé, dans le Code pénal, de trois autres articles tous relatifs à des matières commerciales; et les quatre articles réunis forment une section particulière. On peut donc dire que lorsque le législateur s'est occupé de cette section, son attention devait porter surtout sur le Code de commerce.

On ne peut pas objecter que le législateur n'a pas indiqué nominativement le délit prévu par l'article 368 du Code de commerce au nombre des escroqueries. Car il n'entre dans aucun détail à ce sujet. Il semble même résulter de l'exposé des motifs que le législateur a eu un moment l'intention de comprendre la banqueroute frauduleuse elle-même dans les termes généraux de l'article 405, et ne point en faire l'objet d'une disposition distincte et d'articles séparés.

M. Faure s'exprime à ce sujet ainsi qu'il suit :

« Nous allons examiner une autre espèce d'attentats à
« la propriété : ce sont ceux qui ont lieu par suite d'opé-
« rations de commerce, ou à l'aide d'entreprises réelles
« ou simulées, ce sont, d'une part, les banqueroutes, et de
« l'autre, les escroqueries.

« L'escroquerie est à la vérité comprise dans la banque-
« route frauduleuse (il faut lire, sans doute, dans l'escroquerie est à la vérité comprise la banqueroute frauduleuse), « mais ce dernier crime est beaucoup plus grave
« par sa cause et par ses effets. » (*Moniteur* du 17 février 1810, p. 195; *Rapport des conseillers d'État* Faure, Maret et Corvetto.)

La banqueroute frauduleuse n'a donc eu une désignation spéciale qu'à cause de son importance toute exceptionnelle. Tous les autres attentats à la propriété, qui constituent des escroqueries, sont compris dans l'article 405, l'escroquerie prévue par l'article 368 du Code de commerce, aussi bien que les autres : le législateur n'en a pas fait l'énumération.

Le silence absolu du législateur sur les diverses espèces d'escroqueries, l'exception qu'il ne fait en faveur de la banqueroute seule qu'à cause de sa grande importance, sont des considérations qui frappent, quand on cherche dans les motifs de la loi si elle a voulu comprendre dans l'article 405 le cas prévu par l'article 368 du Code de commerce. On se demande pourquoi, dans l'application de cet article 368, on pourrait opposer le silence du législateur comme un obstacle insurmontable, puisqu'il ne parle d'aucune autre espèce d'escroquerie en particulier.

Au reste, la volonté du législateur de considérer ce délit comme une escroquerie est *certaine*. En effet, dans Locré, le dernier paragraphe de l'article 173 du projet correspondant à l'article 368 du Code, est ainsi conçu : « Celui « d'entre eux contre qui la preuve est faite est poursuivi « correctionnellement, *comme pour fait* D'ESCROQUERIE. » Et plus bas, on trouve encore dans Locré que « les arti-« cles 154, 155 et 173, qui composent cette section, sont « adoptés *sans observation*. » (Locré t. II, p. 432 et 435.)

Pourquoi ces derniers mots « *comme pour fait* D'ESCROQUERIE » ne sont-ils pas reproduits dans le texte de l'article 368 ? C'est que le législateur les a considérés comme inutiles en présence de l'article 35 de la loi du 22 juillet 1791, qui était alors la définition légale de l'escroquerie.

L'objection se divise en deux branches : elle s'appuie d'abord sur ce que le délit ne figure pas en nom au milieu des dispositions du Code pénal. La réponse à cette première partie vient d'être indiquée. On prétend ensuite que l'article 405 n'est pas la reproduction complète de l'article 35 de la loi de 1791, et que dès lors ce délit n'est plus atteint par la loi actuelle. Il reste à examiner le mérite de cette seconde partie de l'objection.

Si l'on concède que le délit prévu par l'article 368 était compris dans l'article 35 de la loi de 1791, il n'est peut-être pas difficile de démontrer qu'il est également compris dans l'article 405 du Code pénal.

En effet, l'article 405 n'a pas reproduit le mot *dol* qui se trouvait dans l'article 35 titre 2 de la loi du 22 juillet 1791, mais le législateur a pris le soin d'expliquer lui-même la

portée de cette suppression. Il « ne veut pas que la pour-
« suite en escroquerie puisse avoir lieu sans un concours
« de circonstances et d'actes antécédents qui excluent toute
« idée d'une *affaire purement civile*. » (*Moniteur, Ibidem*).

La loi n'atteint pas le dol qui a lieu dans les affaires civiles. Mais « le dol dégénère en véritable *délit*, lorsque
« les manœuvres qui le constituent atteignent une gravité
« telle que l'*ordre public* exige autre chose que l'annula-
« tion du contrat avec dommages-intérêts. » (M. Bédarride, *du Dol et de la Fraude*, n° 17.)

Aussi les docteurs distinguent deux espèces de dol, qu'on
peut appeler le *dol civil* et le *dol criminel*, d'après l'action à
laquelle l'un et l'autre peuvent donner lieu.

« Le *dol civil* comprend tous les artifices, toutes les ruses
« qui, quoique blâmables en morale, ont moins pour but
« de nuire à autrui que de favoriser *un intérêt* jusqu'à un
« certain point *légitime*...

« Le *dol criminel* présente quelque chose de plus saisis-
« sable, il ne se manifeste pas seulement par la ruse ou le
« mensonge, il les met en action; il n'a pas uniquement
« pour but de servir un intérêt, *il tend à dépouiller autrui*. »
(Morin, *Droit criminel*, v° *Escroquerie*.) MM. Faustin Hélie
et Chauveau Adolphe font la même distinction, à peu près
dans les mêmes termes.

Ce qui caractérise le dol criminel, c'est surtout le but qu'il
se propose; ce but est de nuire aux intérêts d'autrui et de
dépouiller autrui. Ce caractère général du dol suffirait
seul pour incriminer le fait de D..., et cependant la doctrine est encore moins sévère en matière d'assurances maritimes. Telle est l'opinion de M. Bédarride, opinion qui
est bien précieuse, puisque l'auteur, dans ses savants com-

mentaires, s'est occupé à la fois et du dol en particulier et des matières commerciales.

Ainsi, dit M. Bédarride (n° 193) : « En matière d'assu-
« rances, la loi modifie complètement les principes géné-
« raux, ce n'est plus le *consilium fraudis* et l'*eventus damni*
« qui constituent le dol, c'est le mensonge, *c'est la réticence*,
« quels qu'en aient été le motif et la cause.

« Et plus bas l'auteur donne le motif de cette exception toute favorable aux assureurs, faite par la loi. « En résu-
« mé, dit-il, l'assurance étant un contrat exceptionnel, ne
« pouvait se comprendre et se pratiquer que par le prin-
« cipe de la bonne foi la plus rigoureuse, laisser son ap-
« préciation sous l'empire du droit commun, c'était livrer
« les assureurs aux fraudes et à la déloyauté des assurés.
« Le résultat tendant à rendre cette branche d'industrie
« impossible, était *un malheur social* par la restriction for-
« cée qu'il amenait dans les expéditions maritimes. »
(M. Bédarride, *du Dol et de la Fraude*, n° 227.)

Si ces considérations justifient la nullité du contrat prononcée par la loi, elles s'appliquent à plus forte raison à la punition du délit commis par l'assuré.

M. D... qu'a-t-il voulu? dépouiller les assureurs. Son acte est donc empreint de dol criminel. L'article 405 n'a pas eu l'intention de l'exclure des délits punis par la loi de 1791 pour le ranger au nombre des affaires purement civiles.

Les principes généraux du droit, la volonté du législateur dans l'artilce 368 du Code de commerce, le caractère de dol criminel inhérent à ce fait, tout tend à en faire un délit et un délit d'escroquerie.

Il reste à examiner si le fait imputé à D... renferme tous

les caractères particuliers du délit d'escroquerie, tels qu'ils sont spécifiés par l'article 405 du Code pénal. Dans cet examen, nous suivrons pas à pas l'ouvrage de MM. Chauveau Adolphe et Faustin Hélie, comme le guide le plus sûr à tous égards et parce que seul il a trouvé grâce devant la défense qui dans son argumentation s'est appuyée exclusivement sur cet ouvrage. La discussion qui va suivre ne sera donc à proprement parler qu'une analyse et une application à l'espèce du *Chapitre* LXII *de la Théorie du Code pénal*.

Les citations, étant toutes tirées de ce chapitre, sont indiquées seulement par la page du *tome cinq* de l'ouvrage, où se trouve ce chapitre.

Avant d'aborder cette discussion, qu'il me soit permis de la faire précéder immédiatement d'une réflexion rapportée par Merlin, qui sera sa justification, si elle paraît ne pas satisfaire aux exigences d'une rigoureuse logique. On lit dans le *Répertoire* de Merlin : « L'escroquerie au contraire « est un délit dont le caractère est en quelque sorte *dans* « *le vague*, qui se compose souvent de faits *indéterminés*, et « dont la moralité ne s'apprécie jamais sans difficulté. C'est « un délit de ruse, de fourberie, il est subtil, il échappe à « l'œil, et le plus souvent ce n'est que par la *consommation* « qu'il peut être déterminé. » (Merlin, *Répertoire*, v° *Escroquerie*, § XII.)

Qu'est-ce qui détermine le caractère de ce délit en quelque sorte dans le vague ? La consommation, c'est Merlin qui le dit.

La consommation du fait reproché à D... qu'eût-elle eu pour conséquence ? De dépouiller les assureurs. Ce fait est coupable. L'immoralité de ce fait est en outre patente, il n'est que trop facile de l'apprécier.

Venons au commentaire de l'article 405 et à l'application qui peut en être faite à l'espèce actuelle.

« Il résulte de ce texte que trois faits distincts sont néces-
« saires pour l'existence du délit :

« L'emploi de moyens frauduleux ;

« La remise des valeurs obtenues à l'aide de ces moyens ;

« Le détournement ou la dissipation de ces valeurs qui
« consomme l'escroquerie. » (P. 343.)

D'après Carnot, « le délit d'escroquerie ne se constitue
« (également) que par le concours simultané de trois cir-
« constances. » (Carnot, *Commentaire sur le Code pénal*, t. 11, p. 318.)

Ces trois circonstances sont, d'après Carnot, un peu différentes des trois circonstances qui viennent d'être indiquées ; mais, en définitive, elles se trouvent toutes dans le commentaire que nous analysons, où elles sont indiquées comme des conditions accessoires. Cette différence n'a donc aucune portée.

Ces trois faits principaux se subdivisent eux-mêmes. Voici l'analyse de ces trois faits et de leurs subdivisions.

PREMIER ÉLÉMENT.

Emploi de moyens Frauduleux.

« Rien de si *vague* que ces expressions » disent MM. Faustin et Chauveau. Il faut cependant essayer de sortir de ce vague proclamé par les auteurs de la *Théorie du Code pénal*, pour ce caractère particulier du délit, comme il a été déjà proclamé par Merlin pour le délit entier.

Quatre conditions sont exigées pour qu'il y ait emploi de manœuvres frauduleuses, il faut :

1° Que ces faits puissent être qualifiés manœuvres ;
2° Que ces manœuvres soient frauduleuses ;
3° Qu'ils soient de nature à faire impression sur les personnes auxquelles ils ont porté préjudice et de déterminer leur confiance ;
4° Qu'ils aient pour objet de persuader l'existence de fausses entreprises... ou de faire naître l'espérance d'un accident, ou de tout autre événement chimérique.

1° Manœuvres.

« Les manœuvres sont les moyens employés pour sur-
« prendre la confiance d'un tiers. Cette expression suppose
« une certaine combinaison de faits, une machination pré-
« parée avec plus ou moins d'art. Les paroles artificieuses,
« les allégations mensongères, les promesses, les espé-
« rances ne sont point *isolées de tout fait extérieur* des
« manœuvres, il faut qu'elles soient accompagnées d'un
« *acte quelconque* destiné à les appuyer et à leur donner
« crédit. » (P. 354.)

Cette définition se trouve reproduite presque textuellement par Morin, v° *Escroquerie*, n° 16.

Peut-elle s'appliquer au fait de D...?

Il y a une impression première dont il faut bien se rendre compte, et qui peut égarer dans la réponse à faire à cette question. On est tenté naturellement de considérer le fait reproché à D... comme une *assurance*, et de se demander ensuite si cette assurance est faite à l'aide de manœuvres. Cette manière de considérer la question est une erreur. La police d'assurance n'existe pas. D... est poursuivi non pas en annulation d'une police d'assurance frauduleuse, il est poursuivi pour délit d'escroquerie, c'est-à-dire qu'il est poursuivi pour avoir essayé d'escroquer l'argent des assureurs. La véritable question est donc de savoir s'il a réellement escroqué l'argent des assureurs, à l'aide des faits par lui commis à leur préjudice, abstraction faite de la qualification à donner à l'acte qui est intervenu entre eux à la suite de ces faits. Il ne faut donc pas dire : D...., a fait une police de la même manière que tout le monde fait faire une police. Il faut se dire: D... a voulu escroquer l'argent des assureurs, quels moyens a-t-il pris pour réussir?

Quand D... a reçu la dépêche qui lui annonçait la perte de son navire, il a cherché le moyen de s'exonérer de cette perte et de la faire payer par un tiers. Ce tiers, il l'a vite trouvé; il a tout naturellement pensé aux assureurs. Il s'est dit : il faut faire assurer mon navire et sa cargaison, il faut les faire assurer le plus tôt possible; si je fais moi-même directement cette assurance, les assureurs me feront des questions qui pourront m'embarrasser et leur donner l'éveil, il faut employer l'intermédiaire du courtier, j'éviterai ainsi cet inconvénient, et je pourrai de plus presser la signature des assureurs.

« Le contrat d'assurance peut être fait sous *signature privée*. » (Art. 332, C. com.) Le ministère du courtier n'est pas forcé. (Art. 70, C. com.) Le recours que D... a eu à son ministère est un des moyens frauduleux par lui employés pour mieux tromper les assureurs, pour les tromper à coup sûr. Que l'on n'argumente pas de l'usage pour détruire la portée de l'observation. Sans doute, dans l'usage, les polices sont reçues par les courtiers. Il ne s'agit pas d'usage, mais des caractères d'un fait criminel. Vous voulez que la police d'assurance ne soit pas un moyen de fraude à elle seule, soit; mais à une condition, c'est qu'il n'y aura rien autre chose entre les assureurs et l'assuré que cette police. L'intervention du courtier est quelque chose de plus, il faut bien le reconnaître.

Voilà bien la combinaison des faits, la machination et la ruse! Cette combinaison et cette ruse sont si habiles, que leurs victimes ne peuvent ni les prévoir, ni leur échapper, et la loi ne les punirait pas, tandis qu'elle les punirait si elles pouvaient être plus maladroites?

L'intervention de l'officier ministériel qui, par son caractère, est le garant implicite de la loyauté des actes qu'il propose, est *cet acte quelconque destiné à appuyer et à donner crédit* aux mensonges de D... qui, cessant ainsi d'être isolés de tout fait extérieur, deviennent des *manœuvres;* c'est le mensonge mis en action.

Il y a *simple mensonge*, lorsque tout se passe entre l'agent et sa victime, sans le concours d'un intermédiaire ou de toute autre circonstance.

Par exemple, et cet exemple est pris dans un arrêt de la Cour de cassation, un individu se fait souscrire une lettre de change de 500 fr., en échange de laquelle il donne 117 fr. en espèces et une lettre de change de 383 fr. signée d'un tiers, se bornant à *assurer lui-même* à sa victime que cette dernière lettre de change sera payée au moyen de la contrainte par corps, alors qu'un jugement de défaut a déjà annulé cette contrainte par corps; jusque-là il y a simple mensonge.

Mais si au moment de l'échange, l'agent avait amené auprès de sa victime le tiers signataire de la lettre de change, et lui avait fait déclarer la validité de cette lettre de change, emportant contrainte par corps, sans parler du jugement ; ce ne serait plus un simple mensonge, ce serait une manœuvre, quoique le tiers, dans les circonstances supposées, fût de bonne foi.

Autant qu'il est possible de formuler une règle pratique en ces matières, on peut dire, par opposition au simple mensonge, *qu'il y a manœuvre*, lorsque l'agent apporte à l'appui de son mensonge l'affirmation d'un tiers, ou encore la production d'un acte qui corrobore ce mensonge. Cette distinction caractéristique entre le simple mensonge et la manœuvre ressort de divers arrêts de la Cour de cassation.

L'assurance est un contrat qui a lieu entre les assureurs et l'assuré, c'est à celui-ci que les premiers font confiance. Le courtier par son intervention garantit aux assureurs la sincérité du contrat proposé par l'assuré. Il joue le rôle du tiers signataire de la seconde lettre de change dans l'hypothèse qui précède, tout en étant de bonne foi.

Le sieur D... a fait plus qu'un simple mensonge, il a commis une manœuvre en affirmant aux assureurs et en leur faisant affirmer par le courtier que son navire était en cours de navigation, alors qu'il connaissait la perte de ce navire. Peu importe la bonne foi du courtier. Son entremise constitue l'intervention d'un tiers qui donne au mensonge le caractère de manœuvre.

M. Rauter exige cette intervention d'un tiers comme un des caractères constitutifs des manœuvres (M. Rauter, *Traité du Droit criminel*, t. 11, p. 137.)

Cette condition est trop rigoureuse, elle n'est pas exigée

par les autres auteurs. Elle n'est pas constitutive des manœuvres. La Cour de cassation ne l'exige pas non plus; il suffit de citer les espèces où elle condamne comme escrocs les joueurs qui emploient des cartes altérées.

Cependant on peut dire que cette condition se rencontre dans l'espèce : le courtier doit être considéré comme ce tiers.

En résumé, pour que l'acte constitue une manœuvre, « il faut qu'il soit le résultat d'une combinaison préparée « pour tromper et surprendre la confiance. » (P. 355.) A ce simple aperçu, il est évident que la police que D... a fait souscrire aux assureurs est une manœuvre.

Sous un point de vue subsidiaire, l'advenant présenté aux assureurs constitue la manœuvre. Cet acte est postérieur à la signature, mais il est antérieur au payement de l'assurance, but unique que le sieur D... se propose. Le fait du sieur D... devrait, dans ce cas, être qualifié de tentative d'escroquerie, qui est punie comme le délit lui-même.

Quoiqu'un accessoire de la police, mais accessoire non indispensable, l'advenant est un acte fait en dehors de la police par le sieur D..., et à l'initiative duquel les assureurs sont complètement étrangers. Par cet acte, D... a élevé la valeur du navire et des marchandises; il a donc toujours voulu s'approprier l'argent des assureurs. Ce n'est pas là de sa part un simple mensonge, c'est encore l'acte destiné à donner crédit à ses mensonges et à ses manœuvres.

2° Manœuvres Frauduleuses.

« La deuxième condition est que les manœuvres soient « frauduleuses. » (P. 355.) Il faut qu'il y ait fraude, c'est-à-dire volonté coupable d'attenter aux droits d'autrui. Il n'y a pas fraude si l'agent est de bonne foi, s'il a cru au succès, s'il a été lui-même dupe de son erreur.

Les fraudes se produisent de tant de manières, qu'elles ont donné lieu à de nombreuses classifications. La fraude commise par D..., est appelée, dans ces diverses classifications, la fraude contre la partie contractante. Cette fraude, selon M. Bédarride, « est celle qui est employée par un des
« contractants au détriment et à l'insu de l'autre. Elle
« peut être définie toute tromperie, toute action de mau-
« vaise foi exécutée dans le dessein de se procurer un
« avantage illicite au préjudice et aux dépens de celui avec
« qui on traite.

« La fraude gît toute entière dans le *résultat* poursuivi
« et obtenu à l'aide de moyens illégitimes : *Fraus non in*
« *consilio sed in eventu.* » (M. Bédarride, *du Dol et de la Fraude*, n°s 770 et 771.)

Les manœuvres prennent le caractère de fraude, deviennent des manœuvres frauduleuses par le résultat qu'elles poursuivent.

Le résultat! la consommation! comme dit Merlin, voilà ce qu'il faut surtout considérer.

La mauvaise foi de D... est reconnue; inutile d'insister sur les faits particuliers reprochés à D...

Sous le rapport du droit, deux questions ressortent de ces faits particuliers.

D... prétend qu'il n'a pas connu la dépêche avant d'avoir donné l'ordre de faire la police, puisqu'il a donné cet ordre à onze heures trente-cinq minutes, et que la dépêche n'a été portée qu'à onze heures quarante-cinq minutes à sa maison, d'où il était absent, et que, par conséquent, n'étant pas coupable au moment où il a donné l'ordre, il est innocent de toutes les suites de cet ordre. En supposant même ce fait exact, contrairement à tout ce qui a été déjà établi, on peut répondre avec raison que la police a été couverte dans la soirée du 3 janvier seulement, il y a même un assureur qui n'a signé que le 5 janvier. Il y a dans la police autant de contrats d'assurance qu'il y a de signatures. Or, aux termes de l'article 367 du Code de commerce, l'assuré est coupable s'il connaissait la perte avant la *signature* de chaque contrat d'assurance.

Pour que le sieur D... ne soit pas coupable, il faut donc admettre qu'il n'a réellement connu la dépêche que le 23 janvier; prétention repoussée par tous les juges.

Il a donc connu la dépêche avant la signature de la police.

A-t-il connu par cette dépêche la perte du navire? L'examen de cette seconde question forme la troisième partie de cette étude, il suffit d'y renvoyer; ici, il donnerait lieu à des répétitions inutiles.

Cette argumentation, quel qu'en soit la forme, n'a rien de personnel contre le sieur D...; son nom, nous le trouvons dans les débats et nous nous en servons de la même manière que les docteurs se servent de *primus* ou *secundus*. Nous ne voyons dans ce nom que l'agent fictif qui, en théorie, a fait une assurance après la perte du navire. Aussi nous négligeons les faits particuliers à M. D..., tels que ses rapports avec M. Blondel, par exemple, parce qu'ils ne rentrent pas dans l'examen de la difficulté, au point de vue général et théorique.

3° Que les faits soient de nature à faire impression sur les personnes auxquelles ils ont porté préjudice et à déterminer leur confiance.

L'acte reproché à D... constitue une manœuvre et une manœuvre frauduleuse. Cela ne suffit pas pour qu'il soit coupable. Il faut encore que cette manœuvre, ainsi pratiquée frauduleusement, ne pût pas être découverte par les personnes qui allaient en être victimes.

« Les manœuvres frauduleuses ne peuvent en général
« être considérées comme un élément de l'escroquerie
« que lorsqu'elles sont de nature à tromper la prévoyance
« ordinaire du commun des hommes... Les faits constitu-
« tifs des manœuvres ne peuvent être appréciés que dans
« leurs rapports avec la sagacité et la prudence de la per-
« sonne qui a été leur dupe, leur caractère est subordonné
« aux qualités de l'esprit, à la position sociale, à la pro-
« fession même de cette personne ; il faut examiner si ces
« faits étaient capables d'égarer la prévoyance dont celui
« qui se plaint devait être doué, de tromper les connais-
« sances et la sagacité que supposent son état, son éduca-
« tion, sa position, en un mot, il faut examiner si celui-ci
« a été *téméraire* ou *imprévoyant*, s'il a commis une faute
« en s'abandonnant trop facilement à des grossières illu-
« sions. » (P. 359.)

« La société doit protéger ses membres... contre les
« fraudes qui surprennent et enchaînent leur liberté. Mais
« l'action de la loi pénale s'arrête aussitôt que la fraude
« cesse d'exercer une telle influence. En effet, lorsque,
« d'une part, elle ne prend point un caractère assez grave

« pour produire une sorte de contrainte morale; lorsque,
« d'une autre part, la personne qui en est l'objet est douée
« d'assez de prudence pour *apercevoir le piége* et l'éviter,
« lorsque c'est moins la fraude qui provoque sa détermi-
« nation qu'un *entraînement* irréfléchi, la loi ne doit point
« intervenir » (p. 360.)

Les assureurs n'ont été ni téméraires, ni imprévoyants, leur détermination a été uniquement provoquée par la fraude; la fraude a surpris et enchaîné leur liberté.

La nature toute particulière du contrat d'assurance, dont les éléments ne sont formés que par la déclaration de l'assuré, explique suffisamment ces propositions, sans qu'il soit nécessaire de les discuter.

4° But des Manœuvres.

Les manœuvres du sieur D... réunissent les deux cas dont un seul suffit pour l'accomplissement de cette quatrième condition. Il y a à la fois dans ses manœuvres :
1° Fausse entreprise;
2° Et espérance d'un événement chimérique.

Fausse Entreprise.

Le sieur D... a fait assurer le voyage entrepris par son navire de sortie de Scala-Nova à Marseille; en réalité, ce voyage ne pouvait plus avoir lieu, puisque le navire avait péri; il y a donc fausse entreprise.

Mais, objectera-t-on, le navire n'était qu'échoué, il n'avait pas péri (prétendue différence examinée ci-après), le voyage entrepris pouvait donc être terminé, il n'y a donc pas fausse entreprise.

« Les fausses entreprises peuvent être de deux espèces :
« celles qui n'existent réellement pas, qui sont purement
« imaginaires, et celles qui existent réellement, mais *diffé-*
« *rentes* de la description et des rapports qu'on en a fait....
« Une *entreprise est fausse* aux yeux de la personne qui a
« contracté, *lorsqu'elle est autre* que celle que les manœuvres
« lui avaient promise. S'il suffisait que les manœuvres de
« l'agent eussent pour base un fait réel, quels que fussent
« ensuite ses amplifications et ses mensonges, cette pré-
« caution protégerait les actes les plus criminels, et la peine
« resterait impuissante en face *des plus grands scandales.* »
(P. 363.)

Sous la réserve d'examiner ci-après si un navire échoué n'est pas un navire perdu, on conviendra tout au moins, pour le moment, que la position d'un navire échoué n'est pas celle d'un navire qui navigue, que ces positions sont différentes. Cette différence suffit pour entraîner l'application de la loi.

Espérance d'un événement chimérique.

Le payement de la prime est l'espérance chimérique que le sieur D... a fait naître dans l'esprit des assureurs.

« Il suffit, pour l'application de la loi, que l'espérance
« d'un événement quelconque ait été donnée et cet événe-
« ment est toujours chimérique, en ce qui concerne la vic-
« time des manœuvres frauduleuses, puisqu'elle l'a vaine-
« ment attendu. Il importe peu ensuite que le fait soit
« purement imaginaire ou susceptible de s'accomplir.

« Mais, en admettant la fraude, l'événement doit être con-
« sidéré comme chimérique... soit enfin que son existence
« soit vraie, mais dans des circonstances et avec des con-
« ditions différentes que celles qui ont été annoncées par
« lui; dans ces diverses hypothèses, les effets sont les mê-
« mes, toute distinction serait évidemment contraire à la
« disposition de la loi. » (P. 367.)

Cette dernière hypothèse répond encore à la prétendue différence qui existerait dans l'espèce entre la perte du navire et son échouement; pour le cas impossible où le montant de l'avarie, à la suite de l'échouement, serait inférieur à la prime, les circonstances et les conditions du contrat seraient toujours différentes de celles annoncées par l'assuré, puisque la prime se trouverait réduite et diminuée du montant de l'avarie. Le payement intégral de la prime dans ce cas, qui n'est qu'une supposition impossible, serait toujours une espérance chimérique offerte aux assureurs.

DEUXIÈME ÉLÉMENT.

Remise même des fonds ou valeurs déterminée par les moyens frauduleux.

« Les expressions *obligations*, *dispositions*, *promesses* ou
« *décharges* (de l'article 405) embrassent en général tous
« les actes dont peut résulter un *lien de droit*, et à l'aide
« desquels on peut préjudicier à la fortune d'autrui. Tou-
« tefois, il est nécessaire que l'acte dont la remise a été
« obtenue rentre dans l'une de ces qualifications. » (P. 374.)

La remise d'un acte de vente, par exemple, renfermant une stipulation de prix, peut faire la matière du délit.

La remise de la police, par laquelle les assureurs sont obligés de payer le montant de l'assurance constitue également le délit. Cette police renferme le lien de droit qui oblige les assureurs, et de plus elle préjudicie à la fortune des assureurs qu'elle dépouille.

La police est comprise dans les actes que la loi qualifie de dispositions. « Le mot *disposition*, dans la langue légale,
« ne peut s'appliquer qu'aux actes portant transmission
« d'une propriété ou d'un droit... Il en est de même de
« toutes les obligations, de toutes les *conventions* qui peu-
« vent être préjudiciables aux intérêts de celui à qui on
« les a fait consentir. » (P. 375.)

On peut donc généraliser l'article et dire, avec MM. Faustin et Chauveau, que ce second élément consiste dans la délivrance des fonds ou valeurs, ou dans la remise des *titres obtenus* à l'aide de moyens frauduleux. (P. 382.)

TROISIÈME ÉLÉMENT.

Détournement des valeurs.

« Le délit n'est réellement consommé que par l'abus,
« c'est-à-dire par le détournement ou la dissipation de ces
« valeurs; c'est le détournement *au préjudice de leur pro-*
« *priétaire* qui, suivant les termes de la loi, constitue pro-
« prement l'escroquerie. » (P. 379.)

« Il n'est pas même nécessaire que les valeurs soient dis-
« sipées ou qu'il en soit fait usage, pour que l'escroquerie
« soit réputée consommée, il suffit que l'agent se les soit
« appropriées, qu'il ait manifesté l'intention d'en faire son
« profit, qu'elles soient devenues sa propriété. » (P. 380.)

La police a été close le 5 janvier. Elle est restée la propriété de M. D... jusqu'au 23 janvier, et il n'a offert l'annulation de cette police qu'après que les assureurs avaient délibéré de le poursuivre. Il a donc consommé à son profit l'appropriation du titre qui dépouillait les assureurs du montant de sa valeur.

Le fait reproché à D... renferme donc tous les éléments de l'escroquerie. Il y a eu de sa part escroquerie, et non pas seulement tentative d'escroquerie; l'article 405 punit au reste de la même manière le délit ou la tentative du délit.

Parmi les innombrables monuments de jurisprudence qui ont trait à l'escroquerie, nous nous contenterons de citer un arrêt de la Cour de cassation du 30 août 1822 (*J. du Palais*) qui vise et applique l'article 405 en matière d'assurances maritimes; à propos d'un capitaine qui pour s'approprier le montant de l'assurance avait fait assurer des effets supposés et avait voulu faire périr son navire en mer. Il s'agissait donc de la combinaison de l'article 405 du Code pénal avec l'article 336 du Code de commerce qui, pour le cas de supposition d'effets assurés, ordonne des poursuites *criminelles*, comme l'article 368 ordonne des poursuites *correctionnelles* en cas de connaissance de la perte. La Cour de cassation a appliqué à cette espèce l'article 405. Il est donc permis de supposer que cet article s'applique également au cas reproché à D...

Il résulte de l'analyse de l'article 405, qui précède, que l'acte reproché à D... est une escroquerie. La lecture de cet article, faite à la suite de cette analyse, le prouve également d'une manière surabondante.

« Quiconque, dit cet article, en employant des manœu-

« vres frauduleuses pour persuader l'existence de fausses
« entreprises ou pour faire naître l'espérance d'un événe-
« ment chimérique, se sera fait remettre des obligations,
« dispositions, et aura par un de ces moyens escroqué ou
« tenté d'escroquer partie de la fortune d'autrui, sera
« puni... »

Le fait reproché au sieur D... rentre textuellement dans les termes de cet article. En effet, le sieur D..., en employant frauduleusement, c'est-à-dire dans une intention coupable, le ministère d'un courtier pour persuader aux assureurs l'existence d'un voyage entrepris par un de ses navires, alors que ce voyage n'existait pas, et pour faire naître en eux l'espoir chimérique du gain de la prime, s'est fait remettre une police par laquelle les assureurs s'obligeaient à lui payer 190,000 francs, et a par ces moyens escroqué une partie de la fortune des assureurs, ou tenté de l'escroquer.

Le sieur D..., ayant essayé d'escroquer les assureurs, tombe sous le coup de l'article 405; cela résulte et de l'esprit de cet article et de l'application littérale de son texte.

Le nom d'*escroquerie* est bien la qualification qui doit être donnée à ce délit. Le législateur lui donnait ce nom dans le projet du Code. Et s'il est permis de recourir dans cette discussion aux législations de nos voisins, c'est la qualification qui lui est donnée par le Code espagnol. D'après l'article 896 de ce Code : « Les coupables pourront dans ces
« deux cas être poursuivis pour *escroquerie*. »

Cette étude serait peut-être incomplète, si elle ne présentait pas un aperçu de l'état actuel des diverses législations commerciales sur cette question.

De ces diverses législations, les unes prononcent la nullité du contrat, accordent des dommages-intérêts et ordonnent des poursuites criminelles, telles sont avec la France, l'Espagne, ainsi qu'il vient d'être dit, le Portugal, la Russie, le Danemark, les Deux-Siciles, les États-Romains, la Grèce (qui a notre Code), Haïti, les Iles Ioniennes, la Sardaigne et la Valachie.

Trois législations accordent, outre la nullité du contrat, des dommages-intérêts, amende ou confiscation, ce sont la République de Bilbao, les États-Unis et la Suède.

Trois autres, la Prusse, la Hollande et l'Angleterre, ne prononcent que la nullité du contrat.

Cet aperçu ressort, on l'a compris sans que la chose ait besoin d'être indiquée, de l'ouvrage si utile de M. Anthoine de Saint-Joseph, de la Concordance entre les Codes de commerce étrangers et le Code de commerce français.

Il est donc inutile de remarquer, cela va de soi, que cet aperçu n'est pas le tableau complet de toutes ces législations sur la question. Il ne présente que la partie commerciale de ces législations; et laisse tout à fait inexplorée la partie criminelle, qui est le complément indispensable de ces législations en cette matière, faute d'avoir sous la main les documents nécessaires pour compléter ce tableau.

Cette excursion incomplète dans le droit comparé n'a donc que cet avantage de fournir la preuve que la seule législation commerciale qui nomme ce délit l'appelle *une escroquerie*, d'accord sur ce point avec le texte primitif, ou plutôt le texte complet de la loi française.

La poursuite dirigée par le ministère public contre D... est une poursuite en escroquerie. S'il résulte de la discussion qui précède qu'il y a escroquerie dans le fait reproché à D..., la poursuite est justifiée. Il semble que tout soit dit, et qu'il n'y ait plus qu'à prononcer la condamnation du sieur D... Les règles de la saine logique devraient amener ce résultat. Les exigences du système plaidé en faveur de D... sont allées plus loin; elles vont trop loin.

Quand on dit à D... : l'acte que vous avez commis est puni par l'article 368 du Code de commerce. Il répond : il n'y a que le Code pénal qui puisse me punir, cherchez un article dans ce Code.

Et quand on dit à D... : vous tombez sous le coup de l'article 405 du Code pénal. Il répond : pour que cet article me soit applicable, il faut que je me trouve dans le cas de l'article 368 du Code de commerce.

Cette argumentation n'est que spécieuse. Le sieur D... ne peut pas rejeter l'article 368 dans une partie de sa défense pour l'opposer victorieusement dans l'autre. Elle ajoute un élément de plus à l'escroquerie.

Le délit qui lui est reproché est un délit d'escroquerie, l'article 405 suffit seul pour qu'on lui en fasse l'application.

Après avoir signalé cette contradiction manifeste qui existe dans le système de D..., il reste à vérifier si le fait qui lui est reproché ne remplit pas les conditions voulues par l'article 368.

TROISIÈME PARTIE.

Dans quel sens faut-il entendre la perte dont parlent les articles 365 et 368 du Code de commerce, pour qu'elle rentre dans les éléments de l'escroquerie?

Est-il vrai de dire que l'assuré qui ne fait pas connaître la perte du navire ne commet qu'une réticence; et qu'il n'y a perte du navire que dans le cas de naufrage ou d'échouement avec bris?

Il est de principe, en matière d'assurances, que l'assureur et l'assuré doivent connaître de la même manière le risque qui est l'objet de la police. L'assureur ne peut connaître le risque de cette manière que par la déclaration de l'assuré. Celui-ci est donc tenu de déclarer tout ce qui peut former l'opinion du risque. Il doit non-seulement dire la vérité, c'est-à-dire ne faire aucune fausse déclaration; mais il doit encore dire toute la vérité, c'est-à-dire ne commettre aucune réticence, sinon la loi présume qu'il y a dol de sa part, et cette présomption est *juris et de jure*.

Il a été précédemment établi que le fait de D... constituait une fausse déclaration et non une simple réticence, d'après les règles du droit criminel. Ce caractère reste au fait tel qu'il a été établi, et si dans cette partie de la discussion il n'est plus question que de réticence, c'est pour suivre le système du sieur D...

La dissimulation de la perte est-elle une simple réticence qui doive tomber et être confondue sous l'application de l'article 348?

En faveur de la négative, il y a tout d'abord un argument de texte. Le législateur n'est pas censé édicter des dispositions inutiles. Or, il prévoit la réticence dans l'article 348, et il consacre les articles 365, 366, 367 et 368 au cas de perte. La porte est donc quelque chose de plus qu'une réticence. En cas de réticence comme en cas de perte, la loi annule le contrat; mais en cas de perte, la loi annule le contrat sur une simple présomption, et elle condamne la partie qui s'est rendue coupable au payement d'une somme égale au double de la prime.

Si donc la dissimulation de la perte est une réticence, c'est d'après les textes une réticence qui est soumise à des règles particulières et plus sévères.

Il en est de cette espèce particulière de réticence comme de la fausse déclaration ou de la *fraude dans l'estimation des effets assurés* qui (aux termes de l'article 336) soumet l'assuré à des *poursuites soit civiles, soit criminelles.*

Il est au reste facile de justifier la différence que le législateur a mis entre les réticences ordinaires et la dissimulation relative à la perte du navire.

En effet la condition viscérale, l'élément indispensable pour qu'il y ait assurance maritime, c'est que les choses qui font l'objet de l'assurance soient, au moment même du contrat, *sujettes aux risques de la navigation* (art. 334), ou que telle soit la croyance des deux parties contractantes.

Dès lors, dans la réticence (art. 348), le risque maritime existe, seulement, s'il n'y avait pas eu réticence, le contrat aurait été modifié dans les conditions accessoires telles que l'évaluation de la prime. Mais, quand il y a eu *perte* de la chose assurée, le contrat N'EXISTE PAS et ne saurait exister. Il y a donc entre la réticence et la perte cette différence immense que, dans le premier cas, il y a la matière d'un contrat, et que, dans le second cas, il n'y a pas de contrat possible faute d'aliment.

La dissimulation de la perte n'est donc pas une simple réticence tombant sous l'application seulement de l'article 348, elle est au contraire régie par les articles 365 et suivants. Mais dans quel cas y a-t-il lieu d'appliquer ces derniers articles ?

La perte n'a-t-elle lieu qu'en cas d'échouement avec bris; en d'autres termes, les articles 367 et 368 doivent-ils être combinés, interprétés et définis par l'article 369 ? Y-a-t-il entre eux une corrélation indissoluble ?

En fait, dans le procès actuel jusqu'au moment de la réplique de M° Crémieux, tout le monde, assuré, assureurs, témoins, avocats et magistrats, tout le monde a cru que la dépêche du 3 janvier annonçait la perte du navire. Il est vrai que l'affaire a été plaidée d'abord à Marseille et qu'à Marseille tout le monde comprend les choses de la mer, et fait des matières maritimes une application journalière.

A Marseille, il suffit d'ouvrir les yeux et de regarder autour de soi, ou d'écouter pour savoir ce que c'est qu'un navire perdu. Mais M° Cremieux plaidait à Aix !

La dépêche porte : *Simon échoué;* elle n'indique donc pas la perte du navire, dit l'avocat de M. D...

Cette dépêche n'a pas appris la perte du navire à M. D.... Mais le contraire résulte de la procédure. Cette dépêche a si bien appris la perte à M. D..., que le 23 janvier il a demandé aux assureurs d'annuler la police, parce que sa mère venait de lui remettre la dépêche du 3 janvier, qui lui annonçait la *perte du navire.* C'est M. D... qui dit cela.

En fait, M. D... a cru à la perte du navire, sa croyance était conforme au fait, car si la dépêche portait que le na-

4

vire était échoué, en réalité il avait complètement péri au moment de la signature de la police. L'existence du fait et la connaissance vraie de ce fait, quoique fondée si l'on veut sur une indication erronée, ne constituent-elles pas le délit ? Est-il permis de dire : mon navire avait péri, je l'ai cru et j'ai voulu vous faire supporter cette perte, mais je m'étais trompé en le croyant. Il y avait de ma part une *erreur de droit*, je ne suis pas coupable.

L'erreur de droit ne fait pas ordinairement fortune dans les matières civiles; l'introduction de cette théorie en droit criminel doit-elle être plus heureuse ?

L'erreur de D..., sur le sens du mot *échoué*, ne serait pas autre chose qu'une erreur de droit, si elle existait; mais il n'y a pas eu erreur de sa part ni en fait, ni en droit.

En matière d'assurances, il faut qu'il y ait un risque de navigation (art. 334, 341 et 328 du Code de commerce), la police dans l'espèce était faite de sortie de Scala-Nova à Marseille et, en ce moment-là, M. D... savait que le navire était échoué. Un navire échoué n'est pas un navire qui navigue de sortie d'un port à Marseille. Et même, d'une manière absolue, un navire échoué n'est pas un navire qui navigue.

On ne peut pas dire qu'un homme qui est renversé, couché à terre, est un homme qui marche; il y a contradiction entre ces deux manières d'être.

Mais, dit-on, un navire échoué, n'est pas un navire perdu; parce qu'on peut le renflouer. Sans doute, on peut le renflouer, comme on peut ne pas le renflouer; c'est là un événement ultérieur sans influence sur la position actuelle du navire comme navire échoué, au moment de la signature de la police.

Si l'on peut renflouer un navire échoué, on peut relever un navire naufragé, à l'aide de dépenses plus considérables.

Les événements ultérieurs sont sans influence sur la détermination des sinistres qui donnent lieu à des règlements entre les assureurs et les assurés. Par exemple, un navire chargé de saumons de plomb sombre, on retire tous les saumons de plomb, ils n'en sont pas moins des marchandises naufragées dont les assureurs sont obligés d'accepter le délaissement.

Le navire les *Trois-Sœurs* n'a pas été renfloué. Quand la dépêche est partie, il avait complètement péri. L'expéditeur de la dépêche, qui connaissait la perte totale de ce navire, a voulu l'indiquer au destinataire. Si l'on se place au point de vue de la fraude qui a été commise et en supposant que cette dépêche n'a été expédiée que pour faire couvrir la perte par une assurance, la dépêche s'explique tout naturellement. Elle annonce d'abord la perte du navire : *Simon échoué ;* c'est l'avis de faire faire l'assurance. Mais D... est à la fois propriétaire du navire et de la plus grande partie de la cargaison. En apprenant le sinistre de cette manière générale, il fera assurer et le navire et la cargaison. Alors l'expéditeur, pour lui éviter des frais, distingue dans les autres membres de la dépêche entre le navire et la cargaison. Il appelle d'abord l'attention du destinataire de la dépêche sur le navire qui seul doit faire l'objet de l'assurance, parce qu'il est *en danger ;* quant au chargement, au contraire, il est inutile de le faire assurer, car le *chargement sera sauvé.* Il ne faut pas mettre beaucoup de bonne volonté pour conclure de ce que le *chargement sera sauvé,* que le *navire* est au contraire *perdu.* Cette interprétation n'a rien de forcé : l'expéditeur qui connait la loi française ou la loi grecque, qui est la même, ne pouvait pas s'expliquer différemment, voulant dire, sans l'exprimer, d'assurer le navire parce qu'il était perdu. Il suffit pour compléter cette démonstration de se demander si l'expéditeur, en envoyant la dépêche, n'a eu pour but que d'annoncer le sinistre, ou s'il a voulu en même temps donner avis de faire l'assurance. C'est là une intention qui ne peut être appréciée que par la conscience des juges.

Quoi qu'il en soit, quand on objecte, pour expliquer le mot *échoué* de la dépêche qu'un navire échoué n'est pas perdu parce qu'il peut-être renfloué, on substitue l'hypothèse à la réalité. En réalité, le navire était complètement brisé en ce moment-là.

Mais, dit-on encore, on peut assurer un navire échoué. C'est incontestable. On assure alors la chance qu'il y a de renflouer le navire, risque de navigation d'une nature toute particulière. On assure alors l'*échouement* du navire, et non pas un navire de sortie d'un port à un autre, ce qui veut dire en cours de navigation. On assure l'échouement et non la navigation du navire.

Un navire échoué est donc un navire perdu.

Faut-il que l'échouement ait lieu avec bris?

D'après les principes ci-dessus déduits, on peut répondre : non. On doit également répondre : non, d'après les principes et les considérations qui vont suivre :

L'article 369, quoique suivant immédiatement les articles 367 et 368 dans l'ordre numérique, ne fait pas cependant partie de la même section. Sa position seule indique qu'il appartient à un tout autre ordre d'idées que les deux articles qui le précèdent. Tandis que les deux articles 367 et

368 sont compris dans la section II, qui est relative aux *obligations* de l'assureur et de *l'assuré*; l'article 369 commence la série des articles de la section III, qui *traite du délaissement*. Cette observation sur la place respective occupée par les articles 367 et 368 d'une part, et de l'autre par l'article 369, n'est pas une simple argutie de texte. Elle a son importance à ce point de vue, tout au moins, qu'il faut chercher l'interprétation du mot échouement équivalent à la perte prévue par les articles 367 et 368 plutôt dans les articles compris dans la même section que dans un article compris dans une section complètement étrangère.

Or, dans la section II, qui s'occupe en particulier des obligations réciproques de l'assureur et de l'assuré, est compris l'article 350, qui met aux risques des assureurs l'*échouement*, et non pas l'échouement avec bris.

Et, en effet, est-ce que les assureurs ne répondent pas envers les assurés et des avaries et des sinistres majeurs?

Les rapports d'assurés à assureurs donnent lieu à deux actions : l'action d'avarie et l'action en délaissement. Par l'action d'avarie, l'assureur indemnise l'assuré du dommage qu'il a éprouvé; par la voie du délaissement, l'assureur rembourse à l'assuré le montant de la police. La première, l'action d'avarie, est l'action ordinaire, la voie du délaissement est l'exception. Mais, en cas d'avarie aussi bien qu'en cas de délaissement, les assurés reçoivent l'argent des assureurs ; et, dans l'un et dans l'autre cas, les assurés *volent* cet argent aux assureurs qu'ils ont trompés.

Aussi l'article 350, qui est général, qui énumère tous les risques des assureurs, ne parle que de l'*échouement*.

La responsabilité des assureurs est générale. Ils répondent des sinistres qui se règlent par des avaries, et des sinistres majeurs qui donnent lieu au délaissement. C'est donc à tort qu'on a fait porter sur la responsabilité des assureurs, qui est générale, la distinction que la loi n'admet qu'entre les divers modes de règlements de cette même responsabilité entre l'assureur et l'assuré.

La comparaison des textes est conforme à cette interprétation et la justifie. L'article 365, dont les articles suivants ne sont que le développement, annule « toute assu-
« rance faite après *la perte* ou l'arrivée des *objets assurés*. »

Si la perte dont parle cet article ne doit s'entendre que des cas prévus par l'article 369, cet article dira : il y a perte des objets assurés, en cas de prise, etc., etc. La corrélation logique sera ainsi établie entre ces deux articles, et elle ne peut être établie que de cette manière. Or, l'article 369, au lieu de déterminer les cas de perte, ne détermine que les cas de délaissement. Cet article, d'après sa lettre ne peut pas servir à expliquer les articles 365 et suivants.

Il est si vrai que cet article n'a eu pour but que de définir les cas de délaissement, au lieu des cas de perte, que le cas de *perte des effets assurés* est compris dans cet article comme un cas particulier de délaissement, quand la perte va au moins à trois quarts, concurremment avec le cas d'échouement avec bris.

Si l'article 369, d'après la lettre de son texte, conforme à son esprit, n'a aucune corrélation avec les articles 365 et suivants, il suffit au contraire de rapprocher le texte de l'article 350 du texte de l'article 365 pour voir qu'ils s'expliquent l'un par l'autre.

En effet, l'article 350 met « aux risques des assureurs
« toutes *pertes et* dommages qui arrivent aux *objets assurés*

« par... » et l'article 365 fait cesser cette responsabilité quand l'assurance est « faite après la *perte* des *objets assurés.* » Les mêmes termes sont reproduits dans ces deux articles.

A un autre point de vue que celui de la responsabilité des assureurs et d'une manière générale, l'article 350 peut à son tour servir à déterminer les cas où il y a perte dans le sens de l'article 365, par application des mêmes règles.

Il faut bien se fixer sur l'économie des articles 365 et suivants et sur la portée de l'article 369, car, ainsi qu'il a été déjà dit, ce dernier article appartient à un ordre d'idées tout différent que les articles qui précèdent.

Le contrat d'assurance ne doit en principe donner lieu, entre les assureurs et les assurés, qu'au règlement des avaries souffertes par les objets assurés. Mais comme ce règlement des avaries devient dans certains cas impossible, par la disparition complète des objets assurés, et dans d'autres cas à peu près impossible, et que, sous un autre rapport, l'assuré a cependant voulu se garantir contre ces éventualités, la loi a dû, par la combinaison de ces deux principes, admettre des cas où l'assuré, au lieu d'obtenir un règlement d'avaries, aurait droit à se faire payer le montant de l'assurance sans entrer en règlement. Mais c'est là une exception que le législateur a dû resteindre le plus possible, de là les restrictions apportées par lui dans l'article 369 aux cas de délaissement. Le sens restreint des termes employés par cet article ne peut être appliqué qu'en matière de délaissement.

Ce sens, ainsi restreint, ne peut être évidemment invoqué dans l'application des articles 365 et suivants, où il s'agit de fraude.

En effet, le législateur, dans l'article 336 et dans les articles 365 et suivants, a édicté un système complet de répression contre les fraudes de l'assuré qui, pour s'approprier l'argent des assureurs, fait faire *de mauvaise foi* une assurance dont il ne fournit pas l'aliment ou dont il fournit un aliment insuffisant.

S'il est de bonne foi, le Code a pour ce cas édicté de toutes autres dispositions dont il est inutile de s'occuper.

L'article 336 punit l'assuré qui frauduleusement exagère l'estimation des objets assurés, qui suppose ces objets, ou qui les falsifie. — Dans le cas de supposition, l'aliment de l'assurance n'existe pas; dans les deux autres cas, il y a un aliment, mais il est insuffisant.

Il en est de même pour les articles 365 et suivants. Dans le cas de ces articles, la fraude de l'assuré est également punie, que l'aliment de l'assurance ait complètement disparu ou qu'il n'y ait plus qu'un aliment insuffisant. En d'autres termes, il y a fraude de la part de l'assuré, que la perte des objets assurés soit totale ou qu'elle ne soit que partielle.

Qu'on ne dise pas que *perte partielle* sont des termes contradictoires quand il s'agit d'objets assurés, que ces objets sont perdus ou ne sont pas perdus. La perte des trois quarts, dont parle l'article 369, est une perte partielle. Et il s'agit bien d'objets dont les trois quarts sont perdus, c'est-à-dire n'existent plus, et non d'objets qui ont perdu les trois quarts de leur valeur: car l'article parle concurremment *de la perte* et *de la détérioration* de ces objets s'élevant aux trois quarts. Au reste, ces idées et ces termes sont parfaitement reçus dans la langue du droit en matière d'assurance, comme dans le langage maritime et sous le code civil. Il suffit de lire les articles 258 et 259 du Code de commerce. On en trouve aussi un exemple dans le Code Napoléon. L'article 1601 de ce Code, relatif à la vente, prévoit la double hypothèse « où la chose vendue est *périe* en *totalité* » et où « une *partie* seulement de la chose est *périe*. »

Aussi l'article 365 est général. Il s'applique à toute assurance faite après la perte des *objets assurés*. Il ne dit pas après la perte du navire. Il s'applique également à la perte du navire et à la perte de la cargaison. Sans doute, le plus ordinairement, il s'agira de la perte du navire, qui entraîne à la fois sa perte et celle de la cargaison. L'article 367 ne parle plus que du navire. Mais le principe posé par l'article 365 est général; il s'applique à la perte du corps et à la perte des facultés du navire, c'est-à-dire des *objets assurés*. Que la perte de ces objets, ainsi frauduleusement assurés soit totale ou partielle, la fraude existe de la même manière chez l'assuré, elle est punie de la même manière par la loi.

Qu'on veuille donc bien ne pas perdre de vue que le mot *perte*, employé par l'article 365, ne peut s'interpréter que dans le sens de la fraude reprochée à l'assuré, et de la responsabilité de l'assureur qui doit la payer.

Si cette thèse avait besoin d'être fortifiée, elle puiserait une force irrésistible dans l'Ordonnance de 1681.

Cette Ordonnance, dans les articles 38, 39, 40 et 41 du titre des assurances, prononce également la nullité des assurances faites après la perte des choses assurées. Les articles 365, 366, 367 et 368 ne sont que la reproduction presque littérale de ces quatre articles. L'auteur du Code a seulement ajouté contre le coupable la poursuite correctionnelle, complément demandé par les anciens commentateurs.

Si l'interprétation admise par l'arrêt est vraie, s'il n'y a perte du navire, aux termes des articles 38, 39, 40 et 41 de l'Ordonnance, comme aux termes des articles 365, 366, 367 et 368 du Code, que dans le cas d'*échouement avec bris*, cette condition se retrouvera dans l'Ordonnance.

Or, l'article 46 de l'Ordonnance, qui correspond à l'article 369 relatif au délaissement, est ainsi conçu :

« Ne pourra le délaissement être fait qu'en cas de prise, naufrage, bris, *échouement*, arrêt de prince..., etc, etc. »

L'Ordonnance ne parle que de l'*échouement*, c'est-à-dire de l'échouemement simple et non de l'échouement avec bris.

Il faut donc en conclure que, sous l'Ordonnance, la perte du navire avait lieu par échouement simple, et que, s'il en était ainsi sous l'Ordonnance, il en est de même sous le Code.

On remarquera que d'après l'article 46 le délaissement avait lieu en cas de *bris* du navire et en cas d'échouement simple. Ce mot *bris* est encore employé aujourd'hui de la même manière par le législateur dans l'article 258 du Code de commerce et dans d'autres dispositions ci-après indiquées. Le Code a supprimé les cas de bris et les cas d'échouement simple. Le *bris* d'un navire était un cas tout particulier. Un navire, à la suite d'un sinistre, peut être également *brisé* en pleine mer, sans échouer et sans naufrager, c'était donc là un sinistre majeur qui avait sa raison d'être dans l'article 46 de l'Ordonnance; mais le Code l'a fait disparaître, pour faire seulement du bris une condition aggravante de l'échouement. Ces changements sont en faveur des assureurs.

Enfin le mot échouement se trouve reproduit dans l'article 26 de l'Ordonnance qui correspond à l'article 350 du Code, qui règle la responsabilité réciproque de l'assuré et de l'assureur.

On a comparé l'hypothèse actuelle de la connaissance que l'assuré a de l'échouement de son navire, avec l'hypothèse de l'assureur qui accepterait une assurance au moment où il sait que le navire va entrer dans le port. Il n'y a aucune analogie entre ces deux hypothèses. La dernière n'est même qu'une question de fait. L'assureur sera coupable, selon qu'il sera décidé en fait que le navire était arrivé ou n'était pas arrivé dans le port au moment de la signature de la police.

Que si l'on considère l'échouement du navire au point de vue de la responsabilité des assureurs, qui sont obligés de supporter la perte provenant de cet échouement quel qu'il soit, il est donc vrai de dire qu'un navire échoué est un navire perdu.

Mais dans le langage maritime, il est encore plus vrai de dire, si c'est possible, qu'un navire échoué est un navire perdu. L'Ordonnance de 1681 a un titre entier consacré aux *épaves maritimes*. Ces épaves proviennent « des naufrages, bris et *échouement* » tel est l'intitulé du titre ix. Parmi ces épaves figurent en première ligne « les *vaisseaux échoués* » (art. 24) en tant, bien entendu, que ces vaisseaux remplissent toutes les autres conditions pour être considérés comme des épaves.

L'Ordonnance termine ce titre par une disposition générale qui comprend les cas de naufrage, bris et *échouement*, en défendant « de faire *perdre* les navires » (art. 45), le mot y est, c'est-à-dire de les faire naufrager, briser ou échouer.

Dans ces cas-là, la loi emploie indifféremment ou plutôt concurremment tous ces mots : bris, naufrage ou échouement. La combinaison de l'article 246 du Code de commerce avec l'article 6 du titre ix de l'Ordonnance, qui est son complément législatif, et les termes de ce dernier article lui-même fournissent à la lettre un exemple de l'emploi commun de ces différents termes. D'après l'article 246, « le capitaine qui « a fait *naufrage* » est tenu de faire son rapport, il doit de plus prévenir l'administration de la marine. « Incontinent « après l'avis reçu, porte l'article 6, les officiers de cette « administration se transporteront au lieu du *naufrage* et « feront travailler incessamment (au sauvetage)... du *vaisseau échoué*. »

On en trouve un autre exemple dans la loi technique du 13 août 1791, *relative à la police de la navigation*, et dans la partie spéciale de la loi des douanes du 6 août 1791. Ces deux lois, rendues à quelques jours d'intervalle, ont eu pour but, la première dans son ensemble, et la seconde dans une partie de ses dispositions, de régler la police des événements de mer auxquels les navires et les marchandises chargées à leur bord sont exposés. Elles forment donc un tout homogène; et s'il y a une différence entre ces événements, cette différence se trouvera indiquée dans l'une comme dans l'autre de ces deux lois.

Or, d'après l'article 3, titre 1er de la première loi, « le juge « de paix du canton, le maire et le syndic des gens de mer « seront tenus de se rendre au premier avertissement de « quelque *échouement, bris* ou *naufrage*, pour procurer les « secours nécessaires. » Les trois mots y sont.

Après l'article 4, qui règle l'ordre hiérarchique de ces trois autorités, la loi reproduit pour ainsi dire, dans son article 5, l'article 3 qui précède, en substituant au syndic des gens de mer le chef des classes qui est son supérieur immédiat, et cet article est ainsi conçu : « Dans tous les cas de « *bris* et *naufrage*, il en sera donné avis de suite au chef des « classes... et au juge de paix... qui seront tenus de se « transporter sur les lieux et d'y pourvoir au sauvement « des navires et effets. » Dans ces deux articles qui se suivent, et dont celui-ci n'est que la reproduction de celui-là, la loi emploie, pour le premier, les trois mots : *échouement, bris, naufrage*, et pour le second elle n'emploie que les deux mots *bris* et *naufrage*.

Enfin dans la loi de la douane, on ne trouve plus que le seul mot *naufrage* pour signifier ces trois espèces de sinistres. L'article 1er, titre VII de la loi du 6 août 1791 porte que « les préposés de la régie se transporteront sans délai « sur les lieux où seront survenus les *naufrages* et en pré- « viendront en même temps les officiers » de l'administration de la marine. On ne peut pas avoir le moindre doute que cet article ne soit fait pour les mêmes cas que les articles de la loi précitée. La pensée qui a dicté ces deux lois dans cette partie de leurs dispositions est la même. On a voulu désigner les autorités qui étaient obligées de porter secours aux navires en danger. S'il existait le moindre doute, il disparaîtrait devant les dispositions de l'article 2, qui règle le sort des marchandises sauvées, *après la décharge totale du bâtiment naufragé*. Cette opération de la décharge ne peut s'entendre que d'un navire échoué, ou brisé partiellement ; elle ne peut avoir lieu pour un navire naufragé à proprement parler que dans des circonstances tout à fait exceptionnelles. Aussi Dalloz a intitulé *échouement et naufrage* la section dans laquelle il examine cette partie de la loi des douanes. (Dalloz, *Répertoire*, V° *Douanes*, ch. XI, sect. 4.)

La loi appelle sur le lieu du sinistre les diverses autorités, juge de paix, maire, commissaire de marine et préposés des douanes pour « procurer les secours nécessaires et pourvoir au *sauvement* des navires. » Ces diverses autorités viennent à la voix du législateur, comme à la voix de l'humanité, en cas d'échouement, bris ou naufrage, pour pourvoir, dans tous ces cas indistinctement, au *sauvement* du navire, c'est-à-dire pour empêcher par tous les secours qu'elles peuvent procurer le *perte* de ce navire. Car ce *sauvement* n'est pas l'opération du sauvetage, quoique ce dernier mot serve souvent à désigner ces deux opérations indistinctement. Le sauvement a lieu pendant le sinistre pour empêcher la perte, tandis que le sauvetage n'a lieu que quand tout est fini, pour recueillir les débris de cette perte. La direction du sauvement est dans les attributions de l'administration de la marine, la police des sauvetages appartient à l'administration des douanes. La loi actuelle prend toutes les mesures nécessaires pour procurer le *sauvement* des navires, comme l'Ordonnance de 1681 défendait de les faire *perdre*, ainsi qu'il a été dit précédemment.

L'administration de la marine fait tous les jours l'application de cette législation. Cette partie de l'Ordonnance de 1681 est encore en vigueur. La Cour d'Aix a appliqué dernièrement l'article 27 de ce titre ix, relatif à la récompense du tiers de la valeur qui est due à celui qui trouve un navire en pleine mer, reconnaissant que dans le silence du Code ce « droit reste régi par l'Ordonnance de la marine de 1681. » (Arrêt du 3 juillet 1854.)

Cet usage commun de ces divers termes, signalé dans les législations de 1681, 1791 et dans le Code de commerce, se retrouve également dans la législation contemporaine.

La loi du 15 *juillet* 1854, relative à la *police des ports maritimes de commerce*, indique dans son article 14, aux employés de cette administration, les mesures qu'ils ont à prendre « quand un *naufrage* a lieu dans un port ou à l'entrée du port... et que le navire *échoué* forme écueil ou obstacle dans le port ou à l'entrée du port. »

On le voit, la loi parle de naufrage, et elle qualifie le navire d'échoué.

Il en est de même de la législation sur les prises maritimes. (Ordonnance du 12 mai 1696, arrêté du 6 germinal an VIII, décret du 18 *juillet* 1854, art. 2.)

Enfin on retrouve les mots *échouement* et *perte* équivalents l'un à l'autre dans les mêmes textes de lois. La perte du navire n'a été jusqu'ici considérée que comme le résultat involontaire d'un sinistre de mer ; mais il arrive quelquefois que cette perte n'est amenée que par la volonté de celui qui est chargé de le conduire. Dans ce cas, la perte du navire constitue le crime de baraterie.

Ce crime était d'abord prévu par la loi du 10 avril 1825, qui d'une manière générale punissait tout capitaine qui « fera *périr* par des moyens quelconques son navire. » Cette loi a été modifiée par le décret du 24 mars 1852, qui a substitué la peine des travaux forcés à temps à la peine de mort. L'article 89 de ce décret punit de cette peine « tout « individu inscrit sur le rôle d'équipage qui volontaire- « ment et dans une intention criminelle *échoue, perd* ou « détruit par quelque moyen que ce soit » le navire sur lequel il est monté.

La même disposition se retrouve dans la loi du 22 avril 1790, qui est le *Code des vaisseaux*, dans ses articles 40 et 42.

Que l'échouement d'un navire soit le résultat d'un sinistre de mer ou le résultat d'un crime, la loi considère l'échouement comme la perte du navire.

Quant aux auteurs, il suffira de citer une phrase de l'un d'eux, qui appelle *perte l'échouement des navires naufragés.*
« Si le navire, dit M. Dalloz, ou les marchandises dont la
« prise est déclarée illicite ont péri entre les mains du cap-
« teur, qui doit supporter la perte? Lorsque la *perte* a eu
« lieu sans la faute du capteur, il n'est donc tenu que de
« restituer ce qui reste des *navires naufragés*. C'est ainsi
« qu'il a été décidé que lorsque l'*échouement* de la prise
« est le résultat.. » (Dalloz, *Répertoire*, v° *Prises maritimes*, n° 235.) Et au numéro suivant, le même auteur rapporte l'opinion de M. Portalis père, d'après lequel « si le navire
« capturé illégalement *échoue* par l'impéritie du conduc-
« teur..., la *perte* du *navire* capturé devait être attribuée
« au conducteur de la prise.... »

Un navire qui est à terre, qui est échoué, est un navire perdu. Il n'y avait pas d'erreur dans la dépêche; elle apprenait bien à D... la perte de son navire.

On jette un navire sur un *rocher* pour le sauver; le mot a été dit, c'est-à-dire plaidé.

Sans doute l'échouement est quelquefois une manœuvre désespérée que l'on tente dans quelques cas exceptionnels. On jette le navire non pas sur un rocher, mais à la côte. On joue dans ces cas-là le tout pour le tout. Cette locution triviale rend complètement l'opposition que la loi met entre l'échouement et la *perte totale* du navire. (Art. 400, n° 8). La loi ne dit pas la perte du navire, mais la *perte totale*. Elle parle encore (art. 258) de la *perte entière* du navire. Quand, par le mot perte, la loi entend la destruction complète du navire, son anéantissement, elle accompagne le mot perte d'une épithète qui indique cette idée. Dans les autres cas, la perte comprend le naufrage, le bris et l'échouement.

On a indiqué en plaidant que la perte dont parle l'article 368 est la perte complète des objets assurés ; et on a dit qu'il n'y avait pas perte des objets assurés dans l'espèce, puisqu'on avait sauvé toutes les planches, tous les cordages, tout le cuivre, tous les clous du navire, etc., etc. Cette interprétation, qui serait une conséquence outrée de ces articles 400 et 258, ne peut s'expliquer que par l'entraînement de l'improvisation. En effet, il faudrait dire alors que le navire brisé et mis en pièce par la tempête, dont les diverses parties subsistent encore séparément, existe encore comme navire, et par conséquent n'est pas un navire perdu ; un navire ne serait donc perdu que quand il deviendrait la proie des flammes qui consumeraient tout le navire, c'est-à-dire chacune de ses parties en totalité.

Un navire échoué, brisé ou naufragé est un navire perdu, soit que l'on considère le mot perte au point de vue de la responsabilité des assureurs et de la fraude dont on les rend victimes, soit qu'on le considère dans le langage ordinaire et conformément à l'Ordonnance de 1681 et aux lois sur la police des sinistres de mer.

QUATRIÈME PARTIE.

La législation actuelle offre-t-elle une garantie suffisante contre cette fraude ?

Cette affaire doit appeler toute la sollicitude du gouvernement sur la situation qui est faite au commerce des assurances maritimes depuis l'invention du *télégraphe électrique*.

L'importance des assurances maritimes est reconnue aujourd'hui par tout le monde. Le commerce leur doit les immenses développements qu'il a acquis et qu'il tend à acquérir encore davantage tous les jours. La prospérité de la France se lie donc à l'existence des assurances maritimes.

Cette existence est cependant menacée d'une ruine complète et prochaine par l'application du télégraphe électrique à la transmission des nouvelles.

Le télégraphe électrique a changé complétement les conditions du commerce des assurances maritimes.

En présence du télégraphe électrique, que devient la présomption établie par les articles 365 et 366 ?

Si le législateur ancien avait, dans cette présomption, trouvé un remède aux fraudes dont les assureurs ne sont que trop souvent victimes, une modification devient aujourd'hui indispensable pour rendre le remède égal au danger.

Le danger est certain,* il est imminent, il augmente tous

---

* Depuis l'arrêt du 11 mars 1857, deux assurances faites après la perte ont été déjà découvertes par les assureurs de Marseille.

les jours, à mesure que le réseau électrique enveloppe de plus en plus le monde commercial.

Peut-on substituer à la présomption de la lieue et demie par heure une autre présomption calculée sur la vitesse du télégraphe électrique? Dans quelques instants, la nouvelle va d'un pôle à l'autre.

Le Code prussien a substitué à cette présomption une autre présomption de même nature, dans les articles suivants :

Art. 2205 : « Lorsque la nouvelle a dû arriver par mer, « il faut se guider sur le temps pendant lequel un paque-« bot a coutume de faire le même trajet. »

Art. 2206 : « Si l'accident est arrivé en pleine mer, il « faut compter deux heures par mille (d'Allemagne), pour « la distance du lieu de l'événement à la première place de « commerce, où la nouvelle a pu être transmise. »

Mais cette modification, on le voit, n'est déjà plus suffisante depuis la substitution de l'électricité à la vapeur comme agent pouvant transmettre les nouvelles.

Peut-on créer une obligation nouvelle pour l'assuré, l'astreindre à déclarer et à produire les dépêches électriques qu'il aura reçues? Où sera la sanction de la nouvelle loi? Si l'assuré est de bonne foi, elle est inutile; s'il est de mauvaise foi, il fera adresser la dépêche télégraphique à un tiers.

Il y a mieux, et cette dépêche envoyée au tiers ne s'expliquera plus catégoriquement. Il y aura un langage de convention entre l'expéditeur de la dépêche et l'assuré. Enfin l'assuré, qui ne se sera pas fait adresser directement la nouvelle de la perte par le télégraphe, pourra, par ce télégraphe, encore donner ordre indirectement ou directement de faire l'assurance à l'autre extrémité de la France ou en pays étranger.

La fraude, multipliant ainsi avec la rapidité de l'étincelle électrique ses évolutions et ses manœuvres sous différents noms et dans différents pays, ne pourra plus être suivie aux traces qu'il lui est si facile de faire disparaître. La fraude désormais ne peut plus même être *soupçonnée*, loin de pouvoir être atteinte.

Cet état de choses n'est pas un tableau de fantaisie. Il existe dans toute sa triste réalité. Par le télégraphe électrique, les assurés, s'ils sont de mauvaise foi, tiennent la clef de la caisse des assureurs; ils peuvent y puiser à volonté.

Dans quelques mois, les assureurs ont payé des *millions* de sinistres. Quel peut être le remède?

Une modification radicale dans la législation qui régit le contrat d'assurance maritime.

Sous la législation actuelle, « pour rendre le contrat
« d'assurance parfait, il faut non-seulement qu'il y ait une
« matière qui en soit l'objet, mais encore que cette ma-
« tière soit exposée aux risques de la mer, et qu'elle s'y
« trouve exposée lors du sinistre même; *ou du moins il faut*
« *que le sort en soit ignoré lors de la signature de la police*,
« car le péril est présumé tel qu'on le croit. S'il n'y a ni
« risque effectif, *ni risque putatif*, il n'y a point d'assu-
« rance. » (Emérigon, ch. 1, sect. 1, D. 2.)

C'est par un privilége tout-à-fait exceptionnel que le contrat d'assurance peut exister sans un objet réel qui en fasse la matière; en présence des dangers qui le menacent, il est indispensable de le faire rentrer dans la règle ordinaire de tous les contrats. Le *risque putatif* ne pourra plus faire l'objet d'une assurance régulière et licite.

En d'autres termes, il faut proclamer en principe la nullité de l'assurance faite après la cessation des risques.

L'article 365 deviendrait absolu, de conditionnel qu'il est.

Cette exception aux principes généraux a été admise *en faveur des assureurs* ; elle menace aujourd'hui leur existence. Le commerce sérieux ne pourrait pas se plaindre de ce changement dans la législation.

Pour les assurances sur corps, il ferait assurer les navires au moment de leur départ, ou il les ferait assurer à l'année.

Pour les assurances sur facultés, ce changement pourrait entraîner quelques inconvénients, parce qu'un négociant peut ne connaître une expédition de marchandises qui lui est adressée qu'après le départ de ces marchandises. Ces inconvénients sont bien faibles, eu égard à la facilité et à la fréquence des communications. Ils peuvent même être évités par la police indéterminée, sorte de police *in quovis*, dont l'usage tend à s'introduire dans la pratique des assurances, malgré des répugnances qui naissent de l'absence complète de garanties qu'offre cette police pour les assureurs.

Ce changement dans la loi paraît le seul moyen efficace de rendre la fraude impossible. Le contrat d'assurance sortirait du domaine de la fiction pour rentrer dans les règles de la réalité avec tous les autres contrats, et il perdrait ainsi ce caractère trop aléatoire qui le fait ressembler au jeu et au pari.

Par ce changement, la loi ferait enfin un acte de suprême moralité, en faisant disparaître la cause possible d'une fraude désormais *insaisissable* et d'autant plus dangereuse, d'autant plus facile à pratiquer, qu'elle s'exerce sous les dehors d'un acte parfaitement licite, et sans aucun de ces caractères extérieurs qui préviennent, malgré lui, l'agent d'une délit de l'action criminelle qu'il commet.

L'intervention du législateur est indispensable pour rendre, par ce changement au commerce des assurances maritimes, la sécurité dont il a besoin, et sans laquelle il est condamné à périr prochainement. Sans doute les assureurs pourraient modifier leur police d'assurance dans le sens du changement qu'ils sollicitent; mais ce moyen serait insuffisant. La renonciation à cette nouvelle clause des polices deviendrait de style. Le commerce, libre de la refuser, ne voudrait pas de cette clause dont l'origine, réveillant une sorte de suspicion contre lui, servirait précisément de prétexte pour en demander l'annulation. La clause en réalité serait comme non écrite dans la police.

Que si cette modification est au contraire introduite dans la loi, la renonciation à cet article de loi devient impossible. Elle ne peut plus être demandée, parce qu'elle ne peut pas être consentie. Un contrat ne peut en effet exister s'il manque d'un de ses caractères essentiels; or le contrat d'assurance, assimilé désormais à tous les autres contrats, ne pourra plus exister sans un objet certain. (Art. 1108, Cod. Nap.) Le risque maritime, objet du contrat d'assurance, est constitutif de son essence.

Au reste, si cette réforme de la législation est réellement une nécessité commerciale, et on ne peut le nier, pourquoi l'abandonner aux incertitudes et aux variations des contrats privés. A la France seule doit appartenir la salutaire initiative de protéger le commerce maritime et celui des assureurs qui en est la base, et de garantir son existence contre une fraude qui la menace, en rendant cette fraude impossible. C'est là un devoir pour la France, dont l'Ordonnance de 1681 et le Code de commerce forment la législation de l'univers commerçant. Toutes les autres nations, à l'exemple de la France, s'empresseront d'adopter cette réforme.

S'il est vrai que le fait prévu par les articles 365 et 368 du Code de commerce ne rentre pas dans les prescriptions de l'article 405 du Code pénal, l'attention du législateur est encore portée sur ce point par cette affaire; et il peut, si elle existe, combler cette lacune qui serait si regrettable.

En résumé :

La police du 3 janvier n'a été obtenue par le sieur D... qu'à l'aide d'une fausse déclaration ; cette fausse déclaration, ou si l'on veut cette réticence, a tous les caractères du délit légal, elle constitue en outre un délit prévu par le Code pénal actuel.

Quoique l'Ordonnance de 1681 fût muette, la doctrine ancienne reconnaissait ce caractère délictueux; sous la législation actuelle, il est également reconnu par tous les auteurs, il y a plus, il est proclamé par le législateur lui-même dans le Code de commerce.

S'il n'est pas nommé dans le Code pénal, il est compris dans les termes généraux de l'article 405 de ce Code, relatif à l'escroquerie; puisque cet article n'a entendu exclure que le dol civil et nullement le dol criminel, qui a uniquement pour but, comme dans l'espèce, de s'emparer du bien d'autrui.

Il y a escroquerie.

L'escroquerie consiste dans l'emploi des moyens frauduleux, par lequel on obtient la remise des valeurs que l'on détourne à son profit.

Les moyens employés doivent constituer des manœuvres frauduleuses de nature à faire impression sur la victime et ayant pour but de lui persuader l'existence d'un objet quelconque.

D... a eu recours à des manœuvres, en employant le ministère d'un courtier pour garantir la validité du contrat qu'il proposait aux assureurs.

Ces manœuvres étaient frauduleuses, parce qu'avant de les pratiquer il connaissait la dépêche qui lui annonçait la perte de son navire. Un navire échoué est un navire perdu, aux termes des articles 365 et 350 du Code de commerce, d'après l'Ordonnance de 1681 et les lois de 1791 et 1854.

Cette fraude pratiquée à l'aide d'un courtier devait invinciblement entraîner la confiance des assureurs et enchaîner leur volonté.

Le but de cette fraude a été de faire croire faussement aux assureurs au voyage du navire les *Trois-Sœurs*, qui avait déjà péri, et à leur donner l'espérance chimérique du payement intégral de la prime.

Par ces manœuvres frauduleuses, D... a obtenu des assureurs la police du 3 janvier, qui les obligeait à lui payer le montant de l'assurance, et qui les exposait ainsi à perdre une partie de leur fortune.

Enfin D... a gardé cette police depuis le jour de la signature jusqu'au 23 janvier, qu'il a été menacé d'être poursuivi par les assureurs.

La fraude de D... est donc une escroquerie dans tous ses éléments et avec toutes ses conditions.

Cette fraude est un des actes les plus criminels, un de

ces grands scandales dont parlent les auteurs; et en face desquels la loi ne peut pas rester impuissante. Son impunité entraînerait fatalement la ruine des assurances maritimes, base de tout le commerce, et serait un véritable malheur social.

La fraude reprochée à D... est un délit; ce délit est le délit d'escroquerie prévu par les articles 365 et 368 du Code de commerce et 405 du Code pénal, et puni par ce dernier.

Fait à Aix, le 28 mars 1857.

COUR DE CASSATION.

CHAMBRE CRIMINELLE.

Présidence de M. Laplagne-Barris. — M. Bresson, Rapporteur. — M. Guyho, Avocat Général. — Me Morin, Avocat.

Arrêt du 10 Juillet 1857.

« Vu les articles 365, 368 du Code de commerce, l'article 405 du Code pénal, les articles 408 et 413 du Code d'instruction criminelle ;

« Attendu qu'il résulte des dispositions combinées des articles 365 et 368 du Code de commerce que lorsqu'une assurance a été faite par un assuré qui savait la perte du navire ou des objets assurés, cette fraude n'annule pas seulement l'acte dans ses effets civils, que, par une déclaration expresse du législateur, il existe alors un délit; qu'au moyen du mensonge dont l'assuré a usé envers lui, l'assureur, en effet, a été entraîné dans une erreur invincible, qu'il a signé la police, croyant que les chances de mer pourraient encore lui être favorables, et déterminé ainsi par l'espérance d'un événement chimérique que lui déguisaient les manœuvres de l'assuré; qu'une tromperie si grave, qui peut avoir des résultats désastreux pour la fortune de l'assureur, et qui vicie dans son essence un contrat tout de bonne foi, a été justement assimilée par le législateur au délit de l'article 405 du Code pénal ;

« Qu'aussi une fois la preuve acquise d'un tel fait, l'article 368 du Code de commerce ordonne que des poursuites correctionnelles soient intentées; que cette disposition impérative de la loi ne peut être purement comminatoire, et conduit à l'application nécessaire et forcée des peines de l'article 405 du Code pénal;

« Attendu qu'il résulte de l'ensemble des faits constatés par l'arrêt attaqué que les 3 et 5 janvier dernier, lorsque D... faisait assurer à Marseille, par l'intermédiaire d'un courtier d'assurance et moyennant la somme de 190,000 francs, le navire et le chargement des *Trois-Sœurs*, dont il était propriétaire, il savait par une dépêche télégraphique reçue dans la matinée du même jour, 3 janvier, la perte de ce navire; que D... se trouvait dès lors dans le cas prévu par les articles 365 et 368 du Code de commerce;

« Que l'arrêt attaqué, en refusant de lui appliquer ces articles, a méconnu et, par suite, violé leurs dispositions; qu'il a également violé les dispositions de l'article 405 du Code pénal;

« Par ces motifs;

« Casse et annulle l'arrêt de la Cour impériale d'Aix, chambre correctionnelle, du 14 mars 1857.

TABLE.

	Pages.
Première Partie. — Fait	8
— Est-ce un délit ?	13
Deuxième Partie. — Est-ce une escroquerie ?	24
Premier Élément. — Emploi de moyens frauduleux	30
Première Condition. — Manœuvres	31
Deuxième Condition. — Manœuvres frauduleuses	35
Troisième Condition. — Crédibilité	38
Quatrième Condition. — But des manœuvres	39
— Fausse entreprise	39
— Espérance d'un événement chimérique	40
Deuxième Élément. — Remise des valeurs	41
Troisième Élément. — Détournement des valeurs	42
Troisième Partie. — Quel est le sens du mot perte	47
— D'après le Code de commerce	49
— L'Ordonnance de 1681	57
— Et les lois de 1791 et 1834	60
Quatrième partie. — Insuffisance de la législation actuelle	66
Résumé	71
Arrêt de la Cour de Cassation	78

FIN DE LA TABLE.

www.ingramcontent.com/pod-product-compliance
Lightning Source LLC
LaVergne TN
LVHW020955090426
835512LV00009B/1910